粉川哲夫
Tetsuo Kogawa

メディアの臨界

紙と電子のはざまで

Critical State of Media

せりか書房

メディアの臨界

紙と電子のはざまで

目次

I

ヴァーチャルへの転換

1

かつて本は編集者が作った。著者の名はあっても、編集者なしに本が形をなすことはなかった。が、それが、電子本の登場で変わった。本は著者がたったひとりでも作れるものになった。しかし、そのときその新たな著者は、以前の「著者」(作者・作家)のままであることができるのだろうか？　ここには、本というメディア形式だけでなく、それを取り巻く社会と文化、さらには世界そのものの変化がひそんでいるのではないか？

編集者と呼ばれる独特の専門職が、いま消滅しつつある。かつて「名編集者」と言われた人々が、作家、大学教授、テレビのパーソナリティなどに「転向」するようになってからでも大分たつ。ある意味で、編集者が本領を発揮する場がなくなったということであり、また、編集者を必要としない新たな書き手とネットのような新たな場が登場したということであるが、これは、この間の出版環境自身の変化と深い関係があるし、さらには、作るという仕事の形態全般にかかわる変化ともつながっている。

では、編集者とは誰だったのか？ まず、彼や彼女らは、編集者になる以前に本が好きであり、たいていは愛書家であった。したがって、彼や彼女には、敬愛する作家や書き手がおり、その全著作を読みぬいていた。いつかそのひとの本を作りたいという願望が彼や彼女を編集者にしたので、運よくどこかの出版社に就職することが出来ると、その目的に向かって進むのが常だった。それがうまくいかない（大きな出版社では、入社したての編集者の企画を具体化することはない）で、出版社を転々とする編集者もいた。いずれにせよ、編集者は、まず企画者であった。

語り継がれている伝説がいくつもある。ある日、もの書きのXが、未知の編集者の訪問を受けた。彼は、慇懃なへりくだった態度で、Xのファンであることを告げ、しばらく雑談をかわした（直接本題に入らないのが古典的な意味での「日本流」である）のち、「先生のご本を出させてください」（非常にへりくだった日本語表現）と語った。Xは、人気上昇中で多忙であったが、突然舞い込んだ話に悪い気はしなかった。「どんな本を書けばいいんですか?」という問いに対して、その編集者は、ごそごそとカバンから紙の束を取り出した。それは、Xがあちこちに書き散らした「雑文」を切り抜き、台紙に張り、それぞれに新たなタイトルを付けた「原稿」であった。Xがそれを手に取ってページをめくってみると、その配列が絶妙で、注文に応じて書き散らしたはずの大小の文章が、一本のテーマで再構成され、立派な本の形をなしているのがわかった。

「もし、これでお許しいただければ、タイトルは、『実存的自由の冒険』では……」

Xは、仰天した。その題名は、まさに彼が漠然と考えてはいたが、思いついてはいないテーマをずばり言い当てたものであり、本のタイトルとしても完璧だった。

このような例は、あたかも作家やライターが、編集者にひたすら負っており、自発性や独自性がないかのような印象をあたえるかもしれない。実際、編集者が事実上の「ゴーストライター」に近い機能を果たすことはよくあったし、そのような才能を持った編集者はたくさんいた。たとえば、ある作家が、過剰な締め切りをかかえていて、原稿を書けないとする。が、その編集者は、自分の雑誌のために作家の原稿がほしい。そこで、彼は、「語り下ろし」を提案する。最上の編集者の場合、作家がとつとつと語った語りから、その作家の文体を加味した散文を書き下ろすことは、大した仕事ではない。

どんなに独自性のある作家でも、編集者の貢献なしには、その仕事をなしとげることはできなかっただろう。資料の収集は編集者の基本の仕事だった。作家が（半分はプライドで）拒否しても、編集者は、さりげなく何かの資料を届けてくるだろうし、それが役に立たない場合はほとんどなかった。

どんなにわがままな作家でも、担当の編集者が「第一の読者」であり、さしあたりその編集者のために書くというのは、事実だった。新米の書き手の場合には、編集者は、多くの助言や注文を出し、ときには、戦略的な「恫喝」をも加えた。作家と編集者との関係は、ある種の「愛憎」関係であり、精神分析学的には面白いデータを提供したはずだ。作家と編集者とは、連載や本を作る回数が増えるにつれて、親密になるから、そこから、実際の仕事外の世界でも、編集者が作家のめんどうを見ることが増えていく。たいていは、日本の昔の「内助の妻」のように、優れた裏方であることが最上の編集者であるということになっていたから、作家が成功し、世話になった編集者を顧みなくなると、その編集者のなかに鬱積するものが多くなる。かくして、編集者たちが集まる飲み屋の席では、決まって、「あいつを世に出したのは俺なのに、最近はご挨拶なんだよな」といったお定まりの台詞が飛び出す。実際、編集者全盛時代においては、編集者の名が奥付に正式にクレジットされたことは皆無であり、「カリスマ編集者」なるものが取りざたされるようになるのは大分あとであった。

切っても切れない担当編集者がいる著名作家になると、作家の仕事場や自宅に編集者が赴き、作家から原稿を「いただく」ということになるが、普通の書き手の場合は、ＦＡＸもインターネットも普及していなかった時代には、原稿の受け渡しは、飲み屋や喫茶店で行なわれた。その場合、編集者は、約束の時間より早く現場にやってくる。そして、彼や彼女らが座るのは、壁を背にする座席ではなく、通路側である。作家先生のために「上席」を空けておくわけだ。しばらくして、あるいは、約束の時間よりも遅れて（編集者に差を付けるためにわざわざ一時間以上も遅れてくる作家もいる）作家が登場し、しばし世間話をしてから、原稿の受け渡しとなる。その場合、編集者は、原稿を両手で自分の頭の高さまで掲げ、頭を一瞬下げ、「聖なる」原稿に礼をつくすしぐさをする。「失礼いたします」と言って、彼や彼女らは、本格的な閲読に入る。その間、作家は、タバコを吸ったりして待つことになる。閲読をやめて、「コーヒーをもう一杯いかがですか？」などと尋ねる気づかいをする気配り編集者もいる。が、出来る編集者が閲読する姿は、新米の作家には、脅威を与えるほど緊張感にあふれている。「こんな程度しか書けないのか」という失望の表情が現れることもあるからだ。

編集者は、書けば書けるが、自分では書かない、本を出さないということによって、書き手との距離を取った。読者であること、読みのプロであること、その作家にとって第一の読者であることは、書き手の側からすると、脅威であり、尊敬の基盤であった。逆に言えば、そのおかげで、作家は、安心して本を作ることができた。売れるか、売れないかは別にして、少なくとも担当編集者だけは、理解してくれるという確信が、仕事を進めさせたのである。

おそらく、転形期は一九八〇年代だろう。この時代に起こったことが編集者を変えた。名編集者の一人、津野海太郎は、一九九〇年代になって続々と自著を出すようになり、その後大学教授になったが、彼は、『読書欲・編集欲』（晶文社、二〇〇一年）のなかで、編集者であるということは、書き手に対して「面倒を見る」ことであり、「おせっかいを焼く」ことだと言っている。が、おそらくこの時代をさかいにして、日本人は、作家にかぎらず、ひとから面倒を見られたりやおせっかいを焼かれるのを嫌うようになるから、編集者でなくても、この手のワークエシックの持ち主は仕事がしにくくなっていく。

メディア論的に見た場合、編集者の消滅、本というメディアの凋落、電子メディアの浸透とは相互関係をなしている。ＦＡＸ機の価格が下がり、ライターが原稿をＦＡＸで送るということを歓迎し、推進したのはライターのほうであるよりも、編集者のほうだった。一過的な原稿をいちいち喫茶店で受け取っていては時間がかかってたまらないし、そのたびに「先生」の「ご託宣」を聞かされるのはかなわないという編集者側の心理的要因も無視できない。いずれにしてもそれは、出版の「合理化」の一つであった。以後、この傾向は、一九九〇年代なかばからはじまるインターネットの普及によって行くところまで行く。以後、メカに弱い文学者といえども、メールで原稿を送ることがあたりまえになっていく。作家の家を訪ねて原稿を「いただく」編集者は稀有であり、そういうことをさせる作家もほとんどいなくなる。また、販売実績で「合理化」を進めざるをえない（と思うようになる）出版社は、そのような古典的編集者を優遇しなくなる。かくして書き手と編集者との「前近代的」と「近代」がないまぜになった関係は終わったのである。

2

日本社会は、一九八〇年代をさかいに、集団指向から個人指向に変わりはじめた。ウォークマンにはじまりケータイにいたるヒット商品は、どれも個人指向の商品であり、みんなでいっしょに使う製品ではない。会社や大学でも、かつては重要なソーシャリゼイションの方法であった運動会やコンパは好まれなくなる。個々人が一か所にフィジカルに集まるのなら、パーティのような、たがいにフレキシブルな距離を維持できる集まりが好まれる。一九八〇年代の半ばにはまだ特殊だった「オタク」はいまや管理者の年齢になり、オタクがむしろ普通になる。ちなみに、その後の「自己中」や「ひきこもり」のような新人類からすれば、「オタク」は旧人類である。

メールは、万人を著者に変える。ウェブページは、雑誌や本の特性を持ってはいるが、かぎりないネットアクセスのなかでは、本・雑誌メディアの固定した性格が解体されている。ネットアクセスは、ある種の編集作業でもある。インターネットは、専門の編集者を必要としないばかりか、万人が編集者になってこそ、その本領を発揮する。これでは、ますます編集者の居場所がない。そして、だからこそ、編集者が、この時代の最上の書き手にもなるわけである。編集者が新たな作家になる度合いが強くなるのも当然なのだ。

編集者が衰退すれば、これまでの意味での本も消滅せざるをえない。実際に、作家と編集者とのカップリングのなかで生まれる本は、少なくなった。本の販売点数は増えているし、一九七〇年代まではごくまれだった数百万部規模のベストセラーも登場した。本の出来がいいかげんになったわけでもない。が、その仕上がりは、テレビCMのようなプロ的分業技術の結集をよしとするものであって、作家と編集者との一対一のカップルが、いかに協同的な作業をしたかの反映としての屈折した仕上がりではない。これは、実用書やエンターテインメントの本にとっては好ましいとしても、思想書や文学書にとっては致命的だろう。

いや、ここには、本の質の変化以上の問題がひそんでいる。思考やコミュニケーション自体の変容という問題である。

3

電子メディアの急速な浸透のなかで、かつては作家先生の矜持と衒《てら》いの看板であった「孤独な仕事」が一般化した。書く仕事以外でも、他人といやいやつきあったり、他人に合わせたりしなくてもできる仕事は確実に増えた。この種の人々は、少なくとも仕事をしているかぎり、社会から孤立しているのではなく、社会や他人に対して自分流の「距離」を取っているのである。それは、確かに、上記の動向が昂進するとともにやりやすくなった。そして、日本のように、何かにつけ、干渉やたてまえの多い社会では、このことが個人の自律や自覚の上で有利に働くことも事実である。いずれにしても、他者に対する「距離」の幅が広がり、一方では、極度の孤立と絶縁があるにせよ、他方には、いままでにない「自由」が生まれつつある。

問題は、しかし、こうした「距離」が、それぞれ個人的なものであって、相互の保証がないということである。たとえば、いまわたしは、電子的な情報システムを媒介にして、言い替えれば、それによって他者と距離を取りながら（あるいは取らされながら）原稿を書いている。それは、「孤独」な作業であり、モニターに打ち出される文字や文章は、わたしの頭脳と神経系と直結した産物であって、他者とは一切関係ないかのように見える。だが、この文字や文章が、いま、あなたによって読まれ、それぞれの仕方で理解されるとしたら、わたしは、どのみち、一定の読者＝他者を暗黙に前提しているわけである。

目の前にいる人に向かってしゃべるのと違って、電子メディアのなかで作られる「距離」は、いわば、わたしの思い込みや願望、そしてもの書きとしての一定の経験のなかで決定されるような「恣意的」な「距離」である。これは、生身の他者との身体的・物体的な現実のなかで決定される個別具体的な距離とは根本的に違うものである。

かつて近代言語学の祖フェルディナン・ド・ソシュールは、言語を「恣意的な差異」の記号システムとしてとらえようとした。その際、言語はたしかに恣意的なのだが、その恣意性には、文化や習慣、社会性や規則から来る一定の決まりがあり、全く恣意的というわけではないのであった。

インターネットを介してしか他人とつきあわないという人の場合、その人にとっての他人は、その人の想像上、限られた経験上の「ヴァーチャル」な他者である。しかし、その他者が、電子情報システムが日常生活のすみずみまで浸透する時代には、単なる「仮想」

の存在ではなく、実質的《ヴァーチャル》な意味を持つようになる。

しかし、その実質性《ヴァーチャリティ》は、それぞれ異なり、これまで暗黙のうちに信じられてきた一般性、社会性、世界性のなかには大なり小なりあった均質性や普遍性は乏しい。これは、一方で、小さな社会やコミュニティが乱立する多様な世界を予感させると同時に、他方では、これまでの統合的な支配や管理に慣れた者にとっては、かぎりない不安を呼び起こす。

楽観論から言えば、どんなに電子情報システムが増殖しても、人間がアンドロイド（人間そっくりのロボット）になってしまうのでもないかぎり、身体という共有レベルが存在するのだから、そこを基盤として送信される情報が、コミュニケーション不能に陥ることはありえない。もし、あなたが、「自分しかわからない表現」を発信したとしても、「わからない」ということを受け止めている他者としての自分がいるかぎり問題はない。最低限一人の他者、自分のなかの他者がいるかぎり、コミュニケーションは成立する。

このような状況のもとでは、世界がどんどん狭まることは確かであろう。現にいま、たまたまそこにアクセスしたあなたがその唯一の視聴者であるようなネット局が無数にある。すでにケーブルや衛星の放送は、ブロードキャストからナローキャストにかわった。地球規模で均一の情報などは、宇宙人の襲来でもないかぎり関心をもたれないだろう。

しかし、もう一つの問題は、世界がいま、その内部でいままでにない多様性を宿しているとしても、その多様性は、あくまでも電子情報のレベルでの多様性であって、身体と物のレベルでそれに対応した多様性が生まれているわけではないという点である。まさにインターネットやスマホのモニター画面のように、実にさまざまなデザインとコンテンツにあふれているにもかかわらず、そのスウィッチを切ってしまえば、物としての実体性を瞬時に失ってしまうのと同じである。

4

瞬時に消え、瞬時にふたたび現われることができる電子情報によって構築される世界の遍在。これは、換言すれば、「ヴァーチャル」な世界の遍在である。ただし、ここで、大急ぎで断わっておかなければならないが、わたしが言うヴァーチャルは、これまで「仮想的」と訳されて使われ、いまではほとんど廃れてしまった言葉とは違うということである。いまさらヴァーチャルではないだろうとは言わないでほしい。virtual の本当の意味、二〇世紀になって浮上したこの概念の根源を理解してほしいのである。ちなみに、「ヴァーチャル・マネージャー」とは、いるのだかいないのだかわからない経営者のことではなくて、経営者の肩書のつく人はいるにしても、実質的に経営者の役をしている人が別にいる場合、そのような人のことを指す言い方である。

よく言われるのは、ヴァーチャルな技術が進み、ヴァーチャルな世界がますます増殖するにつれて、身体のレベルでも「造反」が起こり、身体がもつ潜在能力をいままで以上に開発し、発揮する傾向が強まるであろうということである。現に、電子テクノロジーの時代になって、気やテレパシーやアウトドア・スポーツなどへの関心が強まっている。また、神秘主義や宗教に期待する者の数も増えている。しかし、いまのところ、電子的なレベルと身体的なレベルとは、不和であることのほうが多く、親和的な関係にいたる気配はほとんどないのである。

情報の問題は、こうして、電子テクノロジー以前の身体的なものと、電子テクノロジーによって構築される身体的なものとの違いの問題に行き着く。この場合、前者が「本来」のもので、後者が「仮想」ないしは「疑似的」なものというような定義は、意味をなさない。今日のコンピュータによる電子テクノロジーは、もはやそんなレベルにはとどまっていないからである。

身体の方も、電子的な情報化が進むにつれて、従来の基準ではとらえられなくなってきた。身体がどこまでヴァーチャルでありえるかは明確ではない。臓器移植からクローン技術まで、コンタクトレンズから人工臓器まで、身体はもはや生身の「肉」だけでなりたってはいない。付属器官としての時計、ウォークマン、携帯電話、スマホ、ウェアラブルコンピュータのような機器までを含めれば、身体は、確実に電子情報システムに「ジャック・イン」されている。

これまで、部屋や建築、都市や環境と一体となった身体は、いわば、手を延ばせば触ることのできる現実性、ぶつかれば抵抗感のある現実性、つまりは「身体的な現実性」を基準にして動き、活動することができた。しかし、今日の電子テクノロジーは、物の持続性を自由に操作可能のものにする。あなたは、いま部屋のなかにいるかもしれないが、電子的な「ヴァーチャル」な部屋は、スウィッチを切ることによって、瞬時にあなたを虚無のなかに連れ込むことができる。先ほどまであなたの指先が「感じて」いたはずの物が、次の瞬間にはない。が、また、次の瞬間にはある。こういうことは、古典的な身体世界でも、物が壊れる瞬間などにはなかったわけではないが、破壊のあとでふたたび再生が起こるということは「奇跡」とみなされ、実際には起こりえないことだった。

身体は、自分では個体だと思い込んでいても、暗黙のレベルでは他者や物、部屋や建築、都市や環境とつながっている。身体は、決して、皮膚で覆われた諸器官のカプセル的な総体ではない。身体は、いわば、皮膚の外にも溶け出しているのであり、一個の人間の身体と言うときにも、その人の感覚がおよぶ領域全体を含めて身体と考えなければならない。

しかし、この「共生領域」を暗黙のたよりにし、その全体を意識せずに、自分の身ひとつを知覚や思考の拠点にすることができた時代がいま終わろうとしている。そして、われわれは、そうした身体領域から、ヴァーチャルな領域に移り、そこをたよりに知覚し、思考するような臨界的な方向に進みつつある。

電子映像は、たしかに電気を切れば即座に消滅してしまう。だが、もし電気が切れない場合にはどうなのか？　いまわたしの手もとにある安いデジタル時計の文字盤は、液晶ディスプレイであり、そこには、薄暗い光のなかでもはっきりと見える文字が浮かび上がっている。その文字は、当然、電池が切れれば消えてしまうが、まだ一、二年は、紙に印刷された文字、金属板に刻印された文字に劣らないリアリティを維持しつづけるだろう。

くりかえされる批判と警告にもかかわらず、テクノロジーにもとづく文明の動向は、瞬時の闇と表裏一体になった人工的な光にすべてを賭ける方向で進んでいる。ここでは、そのようなテクノロジー以前の世界の重要さを強調することは無力である。その刹那性、はかなさ、あやうい実質性《ヴァーチャリティ》は、承知の上であるから、そのようなことを批判しても、事態は改善されるわけではない。

だから、いま、必要なのは、そして、メディア論がやらなければならないことは、こうした事態のなかで生じる思考や知覚やライフスタイルを観察し、スケッチしてみることだろう。

明らかなことは、人は、次第に、あたかも自分の身体がないかのような思考や生き方をするようになるだろうということだ。近代《モダン・エイジ》を象徴した諸概念は、すべて個々の（究極的にはすべての他者と共有しあっているという理念のもとでの）身体を基盤にしていた。「自由」、「デモクラシー」、「責任」、「起源」等々は、すべて身体を基礎にしてのみ実行可能である。しかし、脱近代《ビヨンドモダン》の時代には、これらは、身体概念としては、有効性を失っていく。

当面、身体的には「自由」で、誰も「責任」をとらず、「デモクラシー」は明らかに後退しているにもかかわらず、特権的な位置で権力を行使している者の姿は見えないという匿名的な事態である。

唯一の「わたし」が強調され、コピーライトや個性が過剰に保護されるが、その「わたし」はいうと、どこにもおらず、あえて人工的な特権を捏造せざるをえないといった事態。

ここでは、たった一人がメディアに流した情報が、メディア世界を大きく変えるということが起こる。その際、このメディアスペースは、どこまでが「生身」の世界で、どこからが情報スペースであるかの区別がつきにくくなっているから、たった一人の、しかもその一時的な頭脳的・神経系的な痙攣が世界を変えてしまうということが起きるわけである。

これは、ある意味では、「個人」の過剰なる「自由」の実現であるが、同時に、これほどの「独裁」が達成されることもない。

5

電子情報には起源がない。というよりも、電子情報は、その起源を隠すことによって、電子情報になりえるのである。口頭で語られる言葉は、それが書かれたり、伝聞されたりして、それを語った当人の身体を離れるにつれて「情報」になる。逆に言えば、その情報は、身体的・物体的な側面を失えば失うほど、「情報」度が高くなる。やがてそれは、最初に語られたのとは、全く関係のないコンテキストで理解され、勝手に使われ、「情報」として一人歩きするようにもなる。

その意味では、情報化は、なにも二〇世紀に始まったわけではなくて、潜在的には言葉とともにあったし、数字の発明は、情報化の明確な出発点であった。数字は、最初から身体的・物体的なものを捨象したものとしてあり、Aさんの声をした「1」やBさんの匂いをした「3」などというものはない。「1」や「3」は、つねに「主体」を越えており、一度しか現象しない「1」や「3」というものはない。

だが、二〇世紀になって、情報が本格的に電子メディアと結びついたとき、事態は大きく変わった。というのも、電子メディアは、単に情報を運搬するだけでなく、情報に——当面は疑似的な形で——身体的・物体的なものを「媒介」するからである。電子メディア以後の情報は、おおむね、電子的に構築された物・身体と一体になったものとして理解される。

暗号技術は、電子的な情報化の最も基本的な動向との関連で考えれば、電子情報というものがもっている「起源の隠匿」ないしは「起源の喪失」を補完するために存在する。手続き上は、プライバシーや秘密やコピーライトの保護のために発展したが、その行き着く先はこれらの実現にとどまらない。

デジタル信号の世界では、「オリジナル」は存在しないから、一回性や稀少性といった信仰は捨てなくてはならない。だが、身体は一回的な生命活動をくり返すし、「自然」は、一回的な天災地変を起こすことをやめない。反復可能なサイバースペースや電子的な情報システムがどんなに増殖し、地球をおおいつくすとしても、とりわけ「自然」がもたらす一回性には勝ち目がない。そして、人は、どんなに長生きしてもいずれ死ぬ。生命は稀少性のなかにある。

それゆえ、一方では、一回性や稀少性の無視や放棄が進むにもかかわらず、本来捨ててしまった方がよいような領域で一回性や稀少性の確保が進む。こうした矛盾のいささかなさけない例として、コピーライトの問題がある。コンピュータのソフトウェアは、すべて複製可能であり、その「創造者」の一回的な身体的痕跡を作品に刻み込むことはできない。だが、暗号は、そのことをヴァーチャルに可能にする。

同じように、個性やアイデンティティもまた、そのようなものが空虚になる状況のなかで――そうであるからこそ――暗号技術によってヴァーチャルに保護されることになる。

こうして、「文明」世界は、すべてがヴァーチャルなものになるのだが、それを「幻想」だとか「空虚」だとかいって退けるどころか、ある種の「自然」として保持し、育成していかざるをえなくなるのが、二一世紀の人間に課せられた宿命である。

本のデジャヴュ

本の存在を意識したのは四歳のときだった。記憶は三歳以後からかなり鮮明にあるが、本は出てこない。親は本を読んでくれたはずだが、その記憶はまったくない。物心ついたころは戦争のさなかであり、一家で「放浪」生活を送っていたから、子供に本を読むなどという余裕はなかったかもしれない。「疎開」ではなく「放浪」だったのには理由がある。

列車──窓から人が出入りするのがえらく新鮮だった──に乗り、福島県の須賀川に到着したが、親が人づてに紹介された疎開先がインチキで、旅館にしばらく滞在することになった。当時は、疎開を「予約」しておいても半数以上が戦災で死んだりして来ないということが多く、そういう可能性をあてにして疎開をオーバーブッキングする人がいた。

そのとき旅館のおばあさんが夕食のために赤い蟹をさばいているのが新鮮だった。その旅館の庭にあった機械をいじっていたら、突然小指の爪がはげてしまったのも、痛み以上に新鮮な驚きだった。長くは滞在してはいなかったはずだが、わたしには強烈な異郷体験であった。

そのあとは、茨城県の祖父の家に落ち着くことになったが、曾祖母が皮を剥いている冬瓜や、高いところにとまっている尾長鳥が映画のひとコマのように記憶に焼き付いている。あとで知ったのだが、その尾長鳥がとまっていたうず高い荷物は、父が安全のために移動(「疎開」)した本の箱だった。東京から送ったのだが、赤塚という駅に爆弾が落ち、すんでのところで延焼するのをまぬがれたのだという話をあとから聞いた。

なぜか、まだ爆撃が続いているのに東京にもどり、何度も空襲のサイレンと爆音とB29の唸る音をききながら、四歳のとき終戦を迎えた。親は茨城から持ち返った本を箱から出してならべはじめた。しかし、小さな家だったので、たちまち家中に本が散乱し、廊下にも本が積まれた。そうした本は、引越しをするたびに数千から万単位に増えていったが、一か所にまとめて収納する書庫はなかったので、廊下はおろか、あたえられたわたしの個室にまで本が侵入してきた。二面あった壁の天井まで本棚が組まれ、その部屋の一部をわたしが使っているというありさまだった。

そんなわけで、別に本が好きでなくても、周囲の気になる本のタイトルに惹かれてページをめくるということは幼いころから自然なことだった。が、残念ながら、家にこもるタイプの子供ではなかったので、そうした本を活用して本の虫になるということはなかった。遊びほうけているのを心配した親は、小学校の一、二年ごろ、(たまたま父親が胃潰瘍をわずらって家にいたこともあり)狂ったように数学や国語の「早教育」とかを始めた。それがたたって、学校に行っても、授業の先が見えてしまい、授業態度が最悪になった。教師は明らかに不快さをあらわにし、こちらはその反動でますます反抗的になった。戦後のどさくさの時代だったので、規則はいいかげんで、軍隊式のビンタを食わせる教師もいたが、授業中にぷいっと教室を飛び出すような日々を送っていても、進級にはさしつかえなかった、のだと思う。

小学校五年のとき、渋谷に引っ越してきたわたしにとっては劇的な出会いがあった。それは、家の近所にラジオ屋が出来たことだ。当時のラジオ屋は、実際にラジオを作って売っていた。注文販売である。その二、三年まえからラジオ製作に手をつけていたので、たちまちこの店に入り浸るようになった。この店のことは他所で書いたので細かくは書かないが、とにかく、家には本があっても、わたしの関心は本とは当面無関係の無線という世界にいざなわれてしまったのだった。この状態がかなり長い期間つづき、その延長線上で、大学受験は、文系ではなく、無線工学を学べる理系を選んだ。高校時代に文学は読まなかったが、数学や物理はけっこう勉強したし、嫌いではなかった。

が、一〇代の選択や決心などというものはあてにならない。浪人生活に入って、思春期特有の反抗的な国内放浪などをするうちに、「何のために?」という問いにとりつかれるようになった。まだ実存主義哲学が流行っていて、おおげさな言い方をすれば、ニーチェ的ニヒリズムに直面したわけである。むろん、その背景には、思考世界のなかだけではない、さまざまな出来事や経験が介在していたはずだし、また、例によって、家中を占領していた本のどれかに触発されたということもあっただろう。

予備校での予想外の出会いも影響している。それは大塚にあった武蔵予備校というところだったが、受験のテクニックを教える先生とは別に、受験のことなどまるきり無視して自分の現在の関心を熱烈に「講義」するような教師が何人もいた。そのなかには、ジョイスの『ユリシーズ』を翻訳した名原廣三郎氏やケルト民族の古歌「オシアン」の研究家中村徳三郎氏などがおられた。中村氏は、出たばかりのリチャード・ストーリーの『A History of Modern Japan』をテキストにして「英文和訳」を講義されたが、政治や文化のいまの問題へかぎりなく脱線していくのだった。

当時、出版界では「人生論」がはやりで、まだ武者小路実篤が「いかに生きるか」を説き、新進の堀秀彦が「人生」や「愛」についての本を書きなぐっていた。が、「鍋底景気」は続き、渋谷の街には「愚連隊」がたむろしていた環境のなかで思春期を迎えた青年にとって、そうした「人生論」は、冗談じゃないよという印象をあたえた。「なぜ」や「いかに」で片付くのか？　ふと、それまで自分が「何のため」ということを全く考えてこなかったことに愕然とした。が、この問いは危険である。一旦「何のため」と問うてみると、自分のやっていることは、ことごとく「何のため」にもならないことに直面するからだ。わたしの理系志望はどこかに飛び去り、浪人生活は二年目に入っていた。受験勉強よりも読書に身を入れるようになった。こんなときに出会ったのが、ニーチェの『力への意志』だった。ニーチェはずばり言っていた。「何のため」への答えが「無」である「最終的ニヒリズム」――これが「常態」だとしたらどうなのか、と。むろん、ここでまとめたようなすっきりした形で進んだわけではないが、整理すればこのような流れのなかで、わたしは、哲学を専攻することになったというわけである。

おそらく、親の蔵書をかなり広範囲にわたって読んだのは、浪人時代の二年間につきるだろう。当時、大江健三郎が、目薬を垂らしながら英文のミステリーを読んでいるという記事を読み、おれは目薬なんか垂らさなくても一日中本を読んでも平気だと思ったりした。いま考えると、翻訳がわるいためなのだが、悪訳ゆえの「難解」さに畏敬の念をいだきながら、二日間ぶっつづけで本を読んで、次の一日爆睡するといったことをやっていた。が、そうこうするうちに、わたしの関心は哲学や文学でも流行りモノへ流行りモノへという方向へ進んだので、家にある本は「古すぎ」て役立たないような気がしてきた。

翻訳されたばかりのハイデッガーやサルトル、カフカなどの本を書店で買い求めて読んだので、自分の本も増えてきた。それにつれて、わたしの部屋を占領しているゲーテ関係の本が邪魔になった。「何とかしてよ」という一〇代末期の無愛想なもの言いに、親は、タダで借りていた軒をしぶしぶ空けるようなそぶりで、少しずつ本を移動した。

で、浪人二年目をむかえるころには自分の本の数もかなり増え、次第に狭い自室を占領し、本棚を増設しなければならなかった。そういう作業は、木材をもらってきて全部自分で工作した。そのため、部屋はやがて本とレコードの棚で囲まれた穴蔵の様相を呈してきた。コレクターではないが、古本屋へは毎日のように行き、何かを持ち帰らないことはなかったので、やがて天井の板をはずしてそこに雑品の置き場を作ることになった。

当時、ジャズ喫茶は、黙ってジャズを聴くのが「普通」という場所だったから、客はみな本を読んでいた。わたしの場合、家から本をかかえて行く先は、渋谷百軒店のBLUE NOTE、DUET、ありんこ、DIGあたりで、神保町で古本を探した帰りは、御茶ノ水のニューポート、大学の帰りは新宿のきーよ、ママなど（木馬はカッコつけて本を読んでいるやつが多いので敬遠しがちだった）で、そういう場所で本を読み、小むずかしいことをノートに書きつけた。その後、数年、「研究者」めいたことをやったのも、こうしたライフスタイルの延長線上にあったのだろう。

しかし、面白いのは、一九七〇年代になって、わたしが「研究者」から脱皮して「物書き」となったのは、本とのある種の「決別」からであるという点だ。決定的なインパクトは、ニューヨークという都市との出会いだ。ニューヨークへ行ったのは、『ニューヨーク街路劇場』で書いたように、「研究」を通じて知り会った人に会うためだった。その人の著作に書かれていないことをたずね、教えをこうために出かけたのである。当時、わたしは、いまにおとらずアメリカという国に反発をいだいていた。アメリカには絶対に行くまいと思っていた。が、この人物に会うためだけに行ったニューヨークは、「アメリカ」ではなかった。そして、その街路が、本を読むときの興奮や好奇心の高揚を、本以上に経験させる場としてわたしのまえに立ちあらわれた。

一九六〇年代後半のわたしの「研究」生活のなかで、「レクチュール」という記号学的、解釈学的概念や、ベンヤミンにおける本と都市とを結ぶ「フラヌール」（遊歩者）という概念には慣れ親しんでいたが、そうした「レクチュール」や「フラヌール」をフィジカルな意味で追体験させてくれたのは、ニューヨークの街だった。そして、こうした本をこえたスペース／テキストは、街路からさらに映像や電子メディアの世界に拡大されることになった。

書くということは読むことの一形態であるというのはたしかだが、わたしの場合、書くことは、本を読むことをやめるところから加速した。活字を読まなければいられないというある種の依存中毒症があるが、書き続けなければいられないという中毒症もある。書くことは、本を読むことから逃れる一つの方法である。読むことをやめても、本を買うことはやめないとしても、本との関係が変わるのだ。

かつて目の奥が痛くなるような集中度で読んだ本は、「世界の窓」だったかもしれないが、書くことに淫する者にとって本は、インデクスの集積となる。それは、内容において重要なのではなく、街路の名札や要所要所に建っている建造物の外観のように、必ずしも「内容」とは関係のないことを示唆したり、刺激したり、ひらめかせたりするインデクスである。読んで「学習」したり「解釈」するのではなく、一を見て十を知ること、半可通であること、概念を構築するよりも諸概念を横断的にリンクすること……。

本をインデクスの集積として使うことによって、本の存在自体は終わらないとしても、固定した「内容」を持った本は終わる。本は、熱い視線のなかで最初のページから最後のページまで読み通されるというかつての「レクチュール」を維持することはむずかしくなる。かつての「本」は存在するが、「実存」はしない。

こうした変化は、単に本というメディア内の変化ではなく、もっとトータルな変化の一部であり、また、本の変化は他のメディアの変化を促進したりもする。いま「実存」するメディアのなかで、最も「本」的なのは映画だろう。本は映画のなかに亡命している。映画は、劇場で一回的に（巻き戻しやスキャンなしに）上映されることによって、映画としての「実存」を維持している。むろん、それに満足する観客がいなくなれば、映画も終わる。すでに映画も、ＤＶＤ化され、またネット化されることによってインデクスの集積になりはじめている。テレビも、多チャンネルやデジタル化への動きは、同様のインデクス化の現象のなかで考えるべきである。オンデマンド・ビデオはインデクスを持ったデータへの動きだが、たとえ放送がライブであっても、「多様」なニーズに応えることを目指ための「多チャンネル」の「多」はインデクスの多数性である。

メディアのインデクス化という現象は、ウェブにおいて普遍化する。ウェブは、それ自体が変化し、増殖するインデクスのかぎりない重層と集積だが、ここでは、現在のメディアが直面している最も基本的な変化がスケッチされたり、先取りされたりしている。一九九五年から始めたわたしのウェブサイト（http://anarchy.translocal.jp）に、自分の著作の元原稿をデジタル化して載せたのは、アンチコピーライト（コピーライトフリー）の運動に賛同したからでもあるが、同時に、本を名実ともにインデクスの集積として構築しなおしてみたらどうなるかということを試してみたかったからでもある。ここに掲載された

「本」は、さまざまなリンクを持つことによって、通常の「本」とは異なる機能を手に入れた。本は、インデクスの集積として使用される場合でも、所詮は、閉じられたパッケージである。が、ウェブ上の本は、それ自体においても、またアクセス・ユーザーの側からもリンクを張られることによって、オープンなテキストとなる。

その意味で、「本」がウェブに載せられると、その「作者」は、「本」のそれとは異なるものになる。そもそも、「レクチュール論」において、古典的な「作者」は消滅し、「読者」の方に「主体」が移るということは周知のことである。「作品」に「内容」が缶詰されているのではなくて、「読者」との関係性のなかでかぎりなく「意味」が引き出されるというのが、記号学的な「レクチュール論」の基本だからだ。

ドゥルーズとガタリは、「本」を書くことをやめた「著者」であった。彼らの「本」は、「共著」ではなく、「読者」によってかぎりなくリンクされて行くべきテキスト(彼らの言葉を使えば「アジャンスマン」)だった。かつてわたしがガタリにインタヴューしたとき、わたしが、「あなたたちの著作のスティル(文体)」という言葉を使うと、彼は、おおげさな身ぶりで、「わたしにはスタイルはありません」と話をさえぎった。「いや、機械用語や分子生物学の用語を使った文体があるじゃないですか」というわたしの問いに対して、「そういう用語から新しい概念をつくりだしたのは事実だが、スティルはないのです」と言うのだった。そのときはわからなかったのだが、「スティル」という言葉は、「オテール」（著者）とセットになった近代主義的な概念であって、もしそれを認めれば、著作のうえに君臨し、その「内容」をあやつっている「主体」としての「作者」を認めることになってしまうわけなのだ。そういう「作者」はもういないということは、ブランショもサルトルもさんざん言ったことであり、ガタリにしてみれば、冗談じゃないよということなのだ。

しかし、ドゥルーズもガタリも、彼らのテキストをウェブに載せ、蜘蛛の巣のようなリンクをはって完全に「著者」を消してしまうことはしなかった。アンチコピーライトの運動にコミットすることもほとんどなかった。彼らは、本という形態のなかにとどまった。むろん、「本」をウェブに載せれば、自動的に「著者」が消滅するわけではない。逆に古典的な「本」以上に「著者」の存在を印象づけるためにウェブを使うやり方もある。

ドゥルーズとガタリが複数の「著者」という方法を選んだのは、「著者」を消滅させるためだったが、それは、究極的には、存在の「マルティプリシティ」（多元性）を尊重するためだった。「個人」よりも、分子的な「マルティチュード」や「サンギュラリテ（特異性）」の流動的で多様な集合への開かれた姿勢。社会的レベルから分子的レベルにまたがる思考。そうした場の一つとしての「本」。このことがしっかりと理解されなければ、

「本」をウェブに載せたところで何も変わらない。

以前、メディア・アーティストのシューリー・チェンとウェブアートの話をしていて、黒澤明の『蜘蛛巣城』は、「ウェブの城」とも訳せるし、その「原作」の『マクベス』を逆にウェブの観点から読みなおしたら、どうなるのかということになった。その場合、「城」は当然、固定した「拠点」(ホームベース)ではなく、「ノード」とみなさなければならないだろう……「城」といってもカフカの「城」もあれば、ルイス・キャロルの「城」もある等々。ここでは、ウェブと映画と本がその境界線を踏みはずして介入しあったわけだが、メディアのなかの既存の境界線はもはや意味をなさないことはたしかなようだ。

他方、本は、ウェブと異なり、都市と同様の物的な要素を引き継いでいる。本は手でページをめくり、その「レクチュール」を行使する。街は、足で歩み込む必要がある。本のページに似た番号順のマンハッタンの街路に歩み入ると、映像と音、そしてときには身体への直接的な刺激や攻撃がおしよせてくる。当然、そのリアクションは、本を読むときよりも身体的だが、本は、そうした身体性を手に局所化し、極小化した。

それと、本を読むことには、所有することがともなう。本は、図書館の本であっても、借りだして読んでいるあいだは所有の原理のなかにある。が、本を読むことはそれにとどまらない。本は、その所有性をのり越えることを求める。ベンヤミンの「遊歩」(フラヌール)

は、都市と街路を所有の対象から逸脱させる方法だった。

所有は一六世紀のヨーロッパで顕著となりはじめる「近代」に特有の概念であり、近代の価値観を規定している。印刷術の発達によって個人が本を所有できるようになることと、「独立した個人」という発想は不即不離の関係にある。所有する本とともに「個人意識」は、社会的に認知され、正統性（レジティマシー）を獲得する。デカルトの「コギト」は、『方法序説』という本とともにこの「近代」を方向づけた。当時普通だったラテン語ではなく、日常語のフランス語で書かれたということは、多くの非専門家の読者を想定しているということである。

『方法序説』の正式の題名は、長たらしく、関係代名詞でその「方法」を注釈しているので、日本語に訳しにくいが、くどく訳すと、『彼の理性を正しく導き、諸科学の真理を求める方法の論述、その方法の試みとして屈折光学、気象学、幾何学があるところの諸科学の真理を求める方法の論述』となる。その場合、「彼」とはデカルトであり、この本は、徹底的に「自己」を語る本のスタイルで書かれている。それは、当時「新しいもの」として登場した「ノヴェラ／ノヴェル」よりも、「ノヴェラ／ノヴェル」のその後のスタイルを先取りするほど「新しい」まさに小説中の小説のスタイルで書かれている。

パスカルは、『パンセ』のなかで、「私はデカルトを許せない。彼は哲学のすべてにおいて、神なしですませればよいと考えたのだろう」と言ってデカルトを批判しているが、おそらく、パスカルは、デカルトの『方法序説』という本の出し方も「許せな」かっただろう。『パンセ』は、パスカルが書いた断片をのちの人たちが本にしたものであって、自説を論述するために出版された本ではない。

パスカルのデカルト批判は、キリスト教的な弁神論の姿勢があることはたしかだが、それは、「近代」が終わりつつある時代のなかで見なおすと、デカルトが先取りした「近代」の基本的な発想つまり「考える自我」（コギト）のうえに「世界」を構築することによって「所有」するという発想への批判であった。むろん、パスカルも「思考」こそが「人間の偉大さをなすもの」だと言っている。「人間は自然のなかで一番弱い葦にすぎない。しかし考える葦である」、「思考――人間のすべての尊厳は思考にある」と。しかし、パスカルにとって、思考は、所有の方法でも手段でもない。それは、「方法」というよりも、自覚であり、そもそもそれは、「自分がみじめであることを知る」ことであった。

本の危機と再生

本の危機と再生の鍵は、「読む」ということのなかにある。「読む」ということの意味が変わってきたことが、本を危機に陥れている。しかし、このことは、本の読み方（解釈）を変えれば事態を乗り切ることができるなどという意味ではない。問題は、本の存在そのものの問題だ。本は、いつのまにか「データ」になり、「読む」ことが「データ」を使うということになった。こうなれば、本は、「データ」として「最適」の形態に変貌せざるをえない。はたして本は、「データ」に解消されるのか、それとも本は本としての別の「読み」方と形態を見出すことができるのか？

本の世界では、本的なものとデータ的なものとの境界線が曖昧になった。傾向としては、本のデータ化が無自覚に進んでいる。本もデータも「情報」であるといえばそうだが、本を情報の束と受け取ってしまうことがそもそも本をデータとして見ていることなのだ。本は、情報に還元できない物的な形態や要素がある。もしそういう要素を捨象してしまえば、本でもビデオでも、脳へ直接投射する電子情報でも、みな同じということになってしまい、本を論じることができなくなる。

本をデータ化する最も簡単な方法は、本を見知らぬ人にタダで送りつけることだ。本を読むということには、読者のある種の能動的・主体的な働きかけ（買うのもその一つ）が必要だが、タダでもらった本は、その多くを最初から省略している。いきなり寄贈された本を読まないで放置しがちなのは、このことと関係がある。買ったから読むというのは、損得の問題ではなく、読者の能動性を示唆する指標の一つである。

インターネットのメールが普及し、手紙の役割が低下したが、友人や知り合い、つまりは自分が関心のある相手から届いた手紙は、「読む」だろう。ダイレクト・メールは、とりあえず保存するか、屑箱に捨てられる。それらは、手紙という同じ物的形態をとって配達されるとしても、データとして「処理」されたのである。その際、あなたに、美しい印刷のダイレクト・メールが捨て難いという気持ちをいだかせたとすれば、それは、その印刷物がデータにはなりがたい物的要素を濃厚に保持しているからである。

しかしながら、これも、プリンターやコピーの複製技術が高度化するなかで、次第に気にならなくなる。データなら、どんなものでも複製技術によって、そのつど必要な「物」

として現出させればいい――完璧に出来るかどうかは別にして――という意識が暗黙に強まるからである。

データはブラウズされるのであって、読まれるのではない。ブラウジングとは、ななめ読みすることだが、それは、当面そうしているだけであって、データは、究極的には、読まないですませることをめざしている。インターネットを自動的に一巡し、データを集め、整理してくれるソフトがあるが、データは本来「読まれ」なくてもよいのである。データは「プロセス」(処理)される「プロセス」(過程)がかぎりなく続くことが価値なのだ。これは、読む「価値」とは根本的に違う価値体系に属している。

本のデータ化の背景を考えるには、本をもう少し一般化して見る必要がある。本をデータから区別するのは、その有形性、つまりは身体を持った読者とひとつながりの「物」であるということだからである。ここで言う「物」とは、メルロ゠ポンティがかつて、「世界(物)は(人間の)身体と同じ生地で織られている」と言ったような文脈のなかにある。

二〇世紀後半から二一世紀にかけて、物のデータ化が進んだ。物品がかぎりなく「ライト」(究極は量的にはゼロの情報へ)になっただけでなく、身体の「重さ」(重量・アウラ・存在感)も「軽く」なり、アンドロイド/サイボーグ的身体がクールなものとみなされるようになった。この傾向には、物の神秘性や強い肉体の願望といった反動がセットになってあらわれるが、主流は、物でありながら物らしくない「モノ」の増殖である。使われない物品とデータに換算・値踏みしなおされる物品。物の「価値」／「価格」は従来とは全く異なる基準ではかられるようになる。

物がデータになるとき、その「価値」／「価格」は恣意的になる。コンピュータの価格が一年で激変するのは、それがあつかうデータが主要である物つまりは「半端物」だからである。データをあつかう能力で秀でた物が登場すれば、旧機はジャンクとなる。が、にもかかわらず、それは依然として物としての要素を残しているから、そのデータ処理能力とは別に、その名前や由来が骨董的な価値を持つこともある。

価格と価値が一致せず、価格が物のロジックを離れ、主観的・個別的な価値に変貌するというのは、すでに古本でも美術品でも見られたことだ。しかし、これらの価値は、権威による主観的な値踏みと同時に、その物としての「稀少性」を基準にしており、依然として生産者／提供者の側の決めた量の論理にもとづいている。一〇〇円コーナーで見つけた本が、あなたやわたしにとって決定的な価値を持ったとしても、それらを「稀覯本」とは呼ばないのである。が、いま、問題なのは、量を越えたレベルの価値である。

本の存続は、本の物的な側面をどうするかにかかっている。すでにコンピュータの世界では、その物的な意味が急速に変わろうとしている。コンピュータの物としての機能がある種の満足と定型の「エントロピー」に達しつつある。満足の「エントロピー」からは、どこの製品を買ってもそこそこのことが出来てしまうPCに見られるような、テクノロジーの平均化や、実用性の拡大、その反面としての飛躍的な創造性の沈滞が生まれる。定型の「エントロピー」のなかからは、使い方を定型化し、それに合わない物は捨ててしまう(その基準になるのが「スペック」であり、「リース期限」である)ような現象が生まれる。

その意味では、本は、コンピュータよりも早く満足と定型の「エントロピー」に達してしまったと言えるかもしれない。思うに、出版産業は、本の物としての側面の微調整にばかり気を取られ、本の物性の変化に対応する環境の創造をおこたり、末期症状に陥っているのだと思う。

たとえば、音楽メディアの物的形態は、SPからLP、EP、カセットテープ、CD等々とめまぐるしい変化をとげてきたし、今後もそれはさらに変化しつづけるだろう。実際、音楽メディアは、いまや、物としての側面を極小化するところまで来ている。つまり、CDのような媒介物なしに、ネットを通じて音素材を供給するようになっている。

これにくらべて、本の物的形態は、文庫本以来ほとんど大した「革命」を経験していない。それは、本の物としての意味や機能を出版界が自己認識していないからではないか?

文庫は、通常、それが、廉価で大量部数印刷されるという製作者/提供者側にとっての意味でしか理解されていない。しかし、いくら安く作られても、売れなければ大量に刷ることもできないだろう。わたしが思うに、文庫本がこれだけ普及したのは、その手の平サイズのおかげであって、脳の突起である手が、他の助けを借りずに直接つかみ、読む行為に入れるということが、文庫本の最も革命的な物的要素なのではないか?

本は、売れたからといって、読まれるとはかぎらない。百万単位のベストセラーは、好奇心と他人のやっていることを共有するという安心感、一応(つまりは「データ」として)買っておこうといった関心から買われるものが半数以上をしめる。また、逆に、そういう側面を満たせないものはミリオンセラーにはなれない。だから、出版部数は、読まれる度合いの指標にはなりえないのであって、出版部数が増えれば増えるほど、本が読まれなくなるという傾向が昂進することもありえる。

明らかに、「商品」の新しい動向は、一過的に「売れる」/「売れない」ではなくて、それが持続的にどう使われるか、に重心が移りつつある。だが、製作/提供と、読者にどう使わせるかということとがワンパターンでしか考えられないいまの出版状況のなかでは、本にはあまり明るい未来は見えない。読者に本をどう使わせるかと言っても、それは、書店が本の並べ方を変えたり、店内にソファを置いて「立ち読み」を奨励したりする程度のことではどうしようもない。

これは、いまの本自体がもっている物的特性から来ている面もある。いまの本の物的形態は、ある種の「完結」状態、すでに使い方が決まってしまっているプリセット状態に達していて、いくら変わった使い方をしろと言っても、せいぜい、ページを破きながら読む津野海太郎流読書法のバリエーションしか考えられないのである。

その点、食品の方は、使い方が「完結」しているように見えるインスタント食品でも、大分まえからその食べ方に「ユーザー」の選択肢を加味する傾向が出ている。画一商品でも、使う方が自由にアレンジすることでそれぞれの特異性が生まれる。あらかじめ食べ方もプログラムされているファーストフードに対して、客の好みをきいて組み合わせ、トッピング、スパイスなどをかえるシシカバブやクレープのような新興のストリート・フードのスタイルが流行したのもそのためである。

レストランでも、大衆的レベルでは、いわゆる「ブッフェ」（バイキング）方式が世界中で流行っている。高級店でなくても、ウェイターが注文を取りに来て、細かく指定して料理を選ぶとか、あるいは、すでに決まっているセットメニューを黙って食べるというのではなく、ずらりと色々な料理が並んでいるコーナーが用意されていて、客はそこに行って、自分で好きなものを選んでテーブルに運び、食べるという方式である。

ひとは、もう、お仕着せにはうんざりしているのであり、本はお仕着せメディアの最たるものの一つになってしまったのだ。

では、本の「ブッフェ」方式とは何だろう？　これは、少なくとも、既存の「本」の形ではできない。「オンデマンド本」というのもあるが、現状の「オンデマンド本」は、読者の好きな本を作るわけではなく、注文のあった部数を必要に応じて提供するという量的な合理化の方法にすぎない。

本のプリセット性に居直るというのも一つの選択だ。本の存在が決定論的であることに居直ろうというわけだ。本もときどき、二種類ぐらい装丁を変えて出るものがあるが、そういう本は、「まじめ」な読者には嫌われる。本は歯ブラシじゃないぞと怒るのが本の読者だ。読者には、どこか決定論に組み敷かれることを暗黙に望むマゾヒスティックな性向がある。だが、いまどきメディアに権威やアウラをつきまとわせようと思っても無理ではないか？

にもかかわらず、本は、依然として、一方で、極めてウルサイ食通にとっての料理であることが求められる。名店で料理人が作る料理をありがたく食するようなところが本の読者にはあるから、素材として提供される本は敬遠される。が、それならば、本は、ある種の「霊感商法」のように、と言って語弊があれば、作者や出版社への「信仰」や「ファン」意識でささえられる特殊メディアとしてとらえなおした方がよいかもしれない。この方向を脱神秘化し、合理化した形態がブック・クラブである。すでにあるウェブページと簡易なオンデマンド印刷技術を組み合わせることによって可能だし、散発的な形であれば、すでに行なわれていることでもある。

欧米におけるブック・クラブの歴史は古いが、Amazonなどが推し進めている「誰でもが出版社を介さずに著者になれる」という電子本にも、ある種ブック・クラブ的な根の移植が感じられる。おそらく、欧米では電子本は本の「発展」形態として、本文化を引き継ぐかもしれない。が、電子メディアと紙とは基本的に異なるメディアであるから、もし電子本が発展するとしても、どこかで紙の本と決別せざるをえない。

紙の本が終わりに達しつつあるもう一つの徴候は、ひとがいまあまり札をめくらなくなったということにも見出せる。札をめくって勘定するのと、本のページをめくるのは、目的意識はちがうとしても、同種の手の身ぶりである。しかし、今日、めくって勘定しなければならない札束よりも、クレジットカードやさまざまな電子取り引きが好まれる。その結果、手の機能から「めくる」機能が失われる。札やページをめくるということは、ものをシーケンシャルに数えることである。札束や本のページをめくるのは、それらがシーケンシャルな形態をしているからだが、メディアは、ますます「非線形的」なものになりつつある。

資本主義経済は、札をめくることを次第にやめるだろう。物の移動や交換によって利潤を獲得する金銭資本主義に対して、今日の情報資本主義の時代には、物は全く移動・交換されなくても、利潤が生まれる。利潤自体が、従来の「剰余価値」とは異なり、情報システムのなかで新しい意味（価値ある意味）が突如生まれるときのようなある種の「バブル」的、「ギャンブル」的な、不確定な飛躍によって左右されるようになる。

めくることができない本は本とは呼べないから、紙幣の終わりとともに本も終わるわけである。本も紙幣も、現在の物的特性にこだわりつづけるならば、記念的な「本」や「紙幣」に引退するしかない。だが、依然として、手と本との関係は未知の可能性を秘めており、「めくる」のでも、むしるのでもない手との持続的な関係を発見できるならば、本はよみがえるにちがいない。それは、スマホやパッドの液晶画面の上を指で軽やかに触れる（スワイプやタップなど）程度の手の関係では不十分である。

読書をめぐる断章

本は建築物に似ている。それは、住み、使うための道具であると同時に、物としてつねにそこにあり、一つの環境をつくる。本は、書棚の上に一〇年でも二〇年でもそのまま物として「ある」が、手に取られることによって突然、物であることを越え出して、語りかけてくる。

本は必ずしも読むためだけのものではない。それは、本棚の上に長期間置かれ、その背表紙をただながめられる存在でもある。しかし、いまの電子本は、本のこうした物的側面を捨て、別のもので代替しようとしている。

本が知や情報のカプセルのようにみなされ、情報の量という観点から、電子的なメモリー装置と比較されたりするが、これは、本の物質的な側面をなおざりにしている。本には、それが内蔵している情報以上に、その物的な外部に直接——表紙の手垢やシミ——あるいは間接——思い出や記憶——に付着させられているものがあるからである。

情報を得るという目的だけからならば、本は紙で出来ていなくてもよい。本の歴史を考えても、本が現在の形におさまるのは、たかだか数百年来のことだ。今後、ページが電子モニターになったとしても不思議ではない。

電子本は、当面、これまでの紙の本を模倣する。だが、本がもつ街路や建築物にも似た物質性を現在のビデオやコンピュータがもつことはできない。だから、本の古典的な物質性を強調する方向——装丁に手をかけた本やアンティクとしての本——と単なる情報のカプセルとしての本との分極化が進む。

大分以前から、本屋の店頭には、パラっとページをめくればすべてがわかったような気持ちを起こさせる本が増え、出版社は大量に売れる本を作ることに力を入れるようになった。人は本を気軽に捨てるようになり、捨てにくいような本は店頭に並ばなくなった。本屋は、もはや歴史や記憶の集積に荷担する場所ではなく、商品を処理するだけの場所になってしまった。これは、本に代わる新たなメディアがそれにふさわしい物質性を獲得するまでのあいだ耐えしのばなければならない過渡期の試練なのだろうか？　それとも、記憶、歴史、持続といったこれまで「文化」の本質をなしてきた時間性が根底から変わる前兆なのだろうか？

本の主権を奪いつつあるのは、コンピュータの文字処理機能ではなく、映像機能だ。深夜の街でひときわ輝きはじめたビデオレンタルショップから、ケータイからでも投稿できるYouTubeの出現まで。本屋のないところでも、ネットはチェックできる。かつてのビデオレンタルショップの雰囲気は、どこか往年の本屋に似ていた。棚にずらりとならんだVHSのカセットの背を追い、抜き出す身ぶりは、本屋で本を物色する身ぶりそのものだった。が、YouTubeやネットの映像・文字の周辺環境は、本屋の雰囲気とは全く異なり、それを消し去ってしまう。

映像は、人を「怠惰」にする。いま、学術的な会議でも企業のプレゼンでも、PowerPointのようなソフトを使ってヴィジュアルな説明をするのが一般的である。それは、一見わかりやすいように見えるが、基本的にまちがった説明でも、映像の流れに乗って進められると、なんとなく納得してしまって、その誤りに気づかない。こちらから、切り込んでいって理解するということが少なくなるからだ。バックグラウンド・ミュージックのように、聞き流し、見流すことができるのである。映像に対しては、最初から、入ってくるものを適度に受け入れながら見るという習慣があり、本を読むのとは異なるメディア姿勢で対応するのである。

本も、慣れれば、読んでいるということを意識せずにページが進んでいく。ふと気づくと、ページをくっている指先がそこにあるといったようなぐあいだ。が、それでも本は、こちらが読んでいるのであって、映像のように向こうからこちらに飛び込んでくるわけではない。文字という抽象的な記号の集まりから肉感的な存在者を構築したり、ダイナミックな動きを感じとったりするのは、読者の能動性なしには不可能である。

映像は、必ずしもそのような能動性を要求しない。読者が本に対してするのと同じ能動性をもってすれば、それなりの反応はあるのだが、本であれば、白いページとインクの染みがときおり目につく程度の散漫な姿勢でも、映像は、向こうから飛び込んできて、それなりの刺激を残していくようなところがある。特に、七〇年代以後、テレビでは出来ないことをめざすようになったハリウッド映画やテレビCMの傾向は、いわば「レイプ」としての映像が普通になっており、どんなに受動的な観客であっても、なんらかの刺激を受けずにはいられないようなアグレッシヴな作りを特徴としている。だから、ぼんやりとまどろみながらながめていても、なにがしかの情報があたえられてしまうのだ。

映像の「怠惰」さは、確実に本の文化を壊してきた。この五〇年間に「読みやすい」文章の技術は飛躍的に向上した。ベンヤミンやアドルノは、早くからこのような動向を鋭く察知し、もともと身についていた「難解」志向をさらに意図的に激化させるという戦略を試みたが、歴史は、それに対して極少の読者と黙殺という方法で対応したのだった。極大の読者を望む新聞や雑誌は、「読みやすさ」や「わかりやすさ」という観念のとりことなり、実際に、それは、「ブロックバスター」といった、かつてない極大の読者数を生み出すことに導いた。しかし、「読みやすさ」や「わかりやすさ」は、読むことやわかることを省略する方法だった。タイトルや目次をちらりとながめただけでその全貌がわかるかのような気にさせるということは、その本を読む必要がないということである。実際に、極度に売れる本の相当部数がただ買ったまま放置されている。読むためではなく、手に入れたことのアリバイとしての本。「ああ、買ったけど、読んでない」。所有でも理解でも消費でもない新たな意味づけを必要とすることへの転身。

映像を「読む」、映像の「レクチュール」といった言い方は、一九六〇年代以降、記号論の流行とともに定着した。映像は「読まれ」、「映像の文法」が分析されてきた。しかし、それと並行して映画やビデオ映像は、観客が「読む」努力を必要としない方向に向かうのだった。むろん、読むということは、顕在化された意識や意志のレベルでだけ起こるのではない。無意識や下意識でも読みがあり、夢のなかでも読みは作動している。しかし、読むということは、たとえば聞くということと大きな違いがある。聞こうとしなくても聞こえる音はいくらでもあるが、読もうとしなければ、文字は現象しはじめないのだ。

本は、コンピュータをおそれる必要は少しもない。逆に、現在の形態のコンピュータの普及は、ビデオによって弱体化させられた読書をいくぶんか回復させるかもしれない。本のページをめくり、文字を凝視するという身ぶりは、むしろコンピュータのモニター・スクリーンにおいて、より本来的な形と質とで生き延びるかもしれない。いまでも、電子ブックは、本の形態にかぎりなく近づこう、本がもっている特性をより柔軟な形で受け継ごうとしているが、本とコンピュータとの出会いは、今後、ますます、コンピュータの本への従属という外観を呈しながら進むだろう。そこでは、本と同じ形をしながら、ページが電子的なスクリーンであるということもありえる。まさに、コンピュータ・テクノロジー以前のテクノロジーに負っていたはずの車や冷蔵庫が、知らぬ間にコンピュータを内蔵した事実上のコンピュータ・システムになりつつあるように。

考えなければならないのは、本の終末ではなくて、読むこと、文字を追いながら考え、感じることの変質である。テレビによって映画は終わらなかったが、映画の見方は確実に変わった。当然、映画の機能や作り方も変わらざるをえなかった。叙事詩的テンポから激情詩的なテンポへ。全体の流れよりも、瞬時の緊張へ。同じことが本におこりはじめているのである。

明らかに、活字を読む姿勢が変わりつつある。机に向かってはむろんのこと、ソファにゆったり腰を下ろしても、あまり長くページを見つめている気になれない人が増えている。分厚い小説を一晩かけて読んでしまうということも、一般的ではなくなった。

本の方も、読み通すということを前提にしないものが多くなっている。そもそも、本に目次がつき、それが次第に詳細になり、さらに章や（さらには）段落ごとに見出しがつけられるようになったとき、本の変質は始まっていた。別にそのようなものがなくても、ページをパラパラとめくり、気が向いたところを卒読することは、以前からやられていたことだ。しかし、以前の本の前提は、読み通すということであり、形式論理的な一貫性が読書の前提であった。ページは、いまや、シーケンシャルな流れを表示するためであるよりも、個々の番地を表示するためのものになっている。

W・J・オング『声の文化と文字の文化』(桜井直文ほか訳、藤原書店、一九九一年)によると、シーケンシャルな流れに従って前から後ろまで読み通すことは、一九世紀の探偵小説において大衆的な規模で定着したのであって、印刷技術にはもともとそうしたシーケンシャルな読みという特質が潜在していたとしても、それ以前の近代の小説形式においては、印刷技術以前のオーラルな物語文学から継承された「挿話の寄せ集め」という性格が依然有力だった。したがって、探偵小説以前の小説は、いわばどこから読むことも可能であったのであり、読み通す必要はなかったのである。

コンピュータを使いやすくしたのは、グラフィカルな「ブラウザ」である。これは、GUIによるヴューワーの一種であるが、このおかげでコンピュータの使用環境は対話的なものになった。インターネットはブラウザの開発なしには、決して今日ほど一般化することはなかっただろう。で、その「ブラウザ」という語は、「ざっと目を通す」、「拾い読みする」といった意味の「ブラウズ」(browse)から生じた。つまり、このことは、コンピュータの画面は、最初から、読み通すものとは考えられてはいないということを示唆する。探偵小説を読むように、最初のページから最後のページに向かって読み通していくということをコンピュータは、想定していないのであり、そうだとすると、コンピュータ本は、コンピュータの特性に従えば従うほど、「拾い読み」を好むということである。

電子メディアが活字メディアと異なるのは、それが、本質的にメタファー的な機能——つまり自分の前や背後に何かを想定し、そこへおもむかせる機能——を捨てようとしている点である。イヴァン・イリイチの『テクストのぶどう畑で』(岡部佳世訳、法政大学出版局、一九九五年)によれば、「本の文化をいく世代もの間支えてきた基盤は、よく言われるような印刷術ではなかった」という。「それは、印刷術誕生より一二世代前のひとつかえの技術革新であった」。この本は、中世ヨーロッパの話題に終始しているかに見えながら、その実、コンピュータが浸透する今日の最も重要な問題をあつかっている。イリイチは、つねに、現代を思考してきたし、いま、四五〇年もつづいた「古典的」読書という形式が決定的な終焉に達しつつあるという認識からこの本を書いた。

表音文字としてのアルファベット、表意文字としての漢字、いずれの場合も、知覚される形は、そこを越えて呼び出される「何か」のための通路でしかない。古い文字が運命を暗示するメタファーであったり、解読されるべき神秘的な暗号であると考えられたのは、もともとメタファーが文字の本質をなしていたからである。「メタ」には、「越える」という意味がある。

文字には、万物が懐妊（conception）している概念（concept）を出産させる義務がある。

コンピュータは、こうしたメタファー／コンセプションとは異なるものをめざしている。それは、あらゆる技術と歴史の慣例として、当面は、その本性を既存の仮面で覆い隠してはいる。写真や映画が普及させた映像も、文字の伝統のなかでとらえられてきたし、いまだに映像の記号学や意味論、シンボリズムやメタファー論が存在するが、映像を文字とは異なるものとしてあつかう決定的な方法は、映像を編集することであり、変形することであり、それに触れることである。映像との真正のつき合い方は、その意味を解読することではなく、それ自身とたわむれることである。

　イリイチによれば、現在われわれが使っている本の基礎は、一二世紀後半に、「名称や項目をアルファベット文字順に並べる手法」が確立することによって作られたという。見出し、図書目録、用語索引といういままでなかった技法は、やがて、建築、都市、法律、経済のなかにも従来とは違った新しい秩序や規律を持ち込むことになった。一五世紀になってグーテンベルグがやったことは、実は、数百年まえから用意されてきた事態の、ある意味ではあたりまえの帰結であった。しかし、印刷術が登場してからも、この基本動向が大衆規模で表面化するのには数百年を要した。

　読書主義がいま終わりはじめている。文字であれ映像であれ、それらはもはや「超越論的」なにかをメタファーとして示唆する記号体系つまりはテキストではない。ハイパーテキストは、一見、本のページをめくるということをデジタル技術化したものに見える。それは、本よりもランダムなアクセスを可能にするというが、本に習熟した者ならば、読み慣れた本を指先の操作で必要なページや個所をすばやく開くことができる。しかし、ハイパーテキストは、読むというよりも、参照（リファー）することを得意とする。そこで重要なのは、ある個所から別の個所にすばやく飛んでいくことであって、前者から後者への移動のプロセスではない。

このことは、インターネットのウェブ・ブラウザを使う際に明らかになる。依然として、文字をたくさん使ったホームページも少なくないが、われわれは、それを、本を読むようなやり方で読みはしない。まさに「拾い読み」（ブラウズ）するのである。そして、とりわけ画像から画像に跳んで行く場合には、ひとつの画像がアイコン／イコンとしてもつメタファー的な意味が問題なのではなくて、ひとつの画像と別の画像との出会いのなかで生み出される参照的（リファレンシャル）な関係が重要なのである。いまや、文字や映像は、参照（リファレンス）の体系となり、先見的な名称である「ウェブ」となる。

アイコン（icon）という言葉は、かつては、宗教的なシンボルを意味したが、いまでは、コンピュータの表示記号の意味で使われる。象徴論やイコノロジーがあつかうiconから、コンピュータのiconへの重心移動が、コンピュータの外で起こるのである。われわれは、もはやアイコンの向こう側に「聖なるもの」を見たりはしないのであり、少なくともアイコンを使うということは、リンゴマークのかなたにスティーブ・ジョブズやスティーブ・

ウォズニアックの姿を思いうかべることではなくて、「コントロールパネル」や「セレクター」を立ち上げ、関係ファイルにリンクすることなのである。

プラグマティズムの創始者と称されるチャールズ・S・パースが、アイコンという概念を彼の思考のキーワードの一つにしたとき、そのアイコンには、シンボルだけでなく地図やインデクスのような参照的（リファレンシャル）な記号が含まれるのだった。これは、単にパースという言語論者がそのような考えを生み出したというだけでなく、パースがその思考を編み出した時代に、アイコンをそのようなものに変質させる事態が生じていたということでもある。

フェルディナン・ド・ソシュールが、言語とは記号の差異にすぎず、意味は記号と記号との差異関係のなかで決定されるというあの記号学の思考をジュネーブ大学で講義しはじめたとき、時代は、まさに、「聖なるもの」や超越的なものが失墜し、言語も「関係の束」に解消しようとしていた。ニーチェが「すべての神々は死んだ」と書き、「超感性的なものの終焉」とニヒリズムの開始を告げた時代と重なっている。

ニーチェは、『人間的、あまりに人間的』のなかで、「書物は書かず、多くのことを思索し、ものたりない仲間のうちで暮している人は、通常、すぐれた手紙の書き手である」と書いている。ここで彼が、自分自身のことを言っているのは明らかだが、同時に、歴史のある真実を語ってもいる。書物の終焉は、近代という時代の終焉の一つの現われであり、ニーチェやカフカが、書物を出すということにそれほど熱心ではなかったのも、このことと関係がある。とりわけカフカは「手紙の人」であり、彼が書いたものは、おそらく、「作品」よりも手紙の方が多いに違いない。

手紙と書物的なテキストの違いは、後者の完結性に対して、前者が無限のリンク性をもっていることだ。ドゥルーズとガタリは、『カフカ　マイナー文学のために』（宇波・岩田訳、法政大学出版局、一九七八年）のなかで、「手紙はひとつの根茎・網・クモの巣である。手紙の吸血鬼性、まったく手紙に固有な吸血鬼性がある」と述べたのち、「カフカのなかにはドラキュラ的なもの、手紙によるひとりのドラキュラがいる」と書いている。「手紙のドラキュラ性」は、インターネットのメールにおいて制度化する。そして、インターネットは、書物を書かない「手紙の人」を増大させた。

電子メールは、とりあえず「メールを交換する」という言い方を許容しているが、本来は、近代のキーワードとしての「交換」とはなじまない。それは、かぎりないリンクのなかでこそ活気を帯びるのであり、「交換」であるとすれば、果てしのない交換である。メールを送るとき、それは、相手の返事を期待した交換の端緒としてではなく、一つの場所から他の場所へリンクを多重に張っていきたいという欲求からキーボードをたたくのであり、まさにドゥルーズとガタリがカフカに対して言う「自分のからだを、彼の部屋のベッドの上でいくつかの境界線、いくつかの変身を通過する手段として生きる」ためにそうするのである。

「読み」から「参照」へ、「交換」から「リンク」へという変化は、モダンという壮大な時代が知のレベルにおいても、産業のレベルにおいても、トータルな形で終焉しはじめていることを示唆している。ここで言う「参照」が、言語学でのそれにとどまらないこと、また「リンク」が、ネットワークの接続の意味にとどまらないことは言うまでもない。さらに、それらが、前述の「メタファー」でも「コンセプト」でもあってはならないとすれば、これらの語自体の「背後」に潜む意味をさぐるのではなく、これらの語そのものがかぎりなく「参照」され、「リンク」されなければならない。具体的にどうするかって？　いや、いま言ったことが具体的なことなのだ。それでひらめかなければ、どうにもならない。読むのではなく、ひらめくこと。

すでに今日のメディアは、フェリックス・ガタリの言葉を借りれば、「ポストマスメディアティック」の時代に入っているが、「ポストマスメディアティック」とは、単にこれまでのマスメディアがやってきた統合と均質化の機能を改め、分散と多元化の機能に転換するといったアルヴィン・トフラー流の変化を意味するにとどまらない。また、マーシャル・マクルーハンが五〇年以上も前に提起した印刷メディアから電子メディアへというテーゼが、あいも変わらず念仏のように繰り返されているが、印刷メディアから電子メディアへの移行は、一方が他方にとってかわるということではなくて、前者が後者によって再編成／脱構築されるということにほかならない。

現代は、あらゆるものが電子テクノロジーによって再編成／脱構築される時代であるが、その場合、再編成と脱構築とは根本的に異なる。

たとえばＤＴＰ（デスク・トップ・パブリッシング）技術は、熟練した印刷技師と高度な印刷技術によってしか可能でなかったような印刷術を普通に使えるコンピュータの電子操作のレベルにまで引き下ろすことに成功している。しかしながら、これは、旧テクノロジーの再編成であって、脱構築ではない。

テクノロジーの趨勢からして、旧テクノロジーは、消滅するか再編成されて生き残るかのいずれかであるとしても、新しいテクノロジーが持つポテンシャルは、再編成にとどまりはしない。DTPにおいて、印刷術と同じことが実現されるということを越えて示唆されていることがあるはずなのだ。

今日、紙は、コンピュータとの出会いのなかで確実に意味と機能を変えつつある。この場合、紙かペーパーレスのモニター・スクリーンかといった不毛な議論に陥らないようにしよう。事態を平面的にしか見ることのできない人々が、「ペーパーか、ペーパーレスか」、「ペーパーレス社会なんか来はしない、コンピュータ時代になって、むしろ紙の消費は増えているではないか」などと言っているうちに、紙自身の意味と機能が根底から変わりはじめたのである。

紙は、かつて礼拝の媒体であったが、やがて記録の媒体になっていった。それがいま、確実にインターフェイスとしての機能に変化しつつある。それゆえ、コンピュータやコピー機のプリントアウトを、われわれがしばしば、いとも気軽に捨て、きわめて命の短いものとしてあつかうようになったのは、決して偶然ではない。つまり紙は、もう一つの「モニター・スクリーン」、ブラウン管や液晶モニターよりは手軽で安定度の高い「モニター・スクリーン」になりかわっているのである。

しかし、他方において、この「モニター・スクリーン」は、われわれが電子テクノロジーを使いながら、紙の上に印字・描画された「安定した」文字・画像に執着するかぎり、自然破壊につながる大きなコストを覚悟しなければならないということをも示唆している。結局のところ、紙=モニター・スクリーンは、過渡期の現象でしかないのである。

問題は、ここからやがて「ペーパーレス」の状況が生まれるかどうかということではなくて、紙をモニター・スクリーン化する今日の電子テクノロジーは、「もしあなたが単なる現状の再編成に甘んじるだけならば、自然破壊につながる憂うべき事態を覚悟してください。あるいは、もしそれがいやなら、あなた自身がメディアに対する姿勢を根本的に変えるしかないですよ」ということを示唆していることである。

いつの時代も、新しいテクノロジーは、それ以前のテクノロジーをより効果的に展開するためにのみ使われる。そのためには、新しいテクノロジーは、そのポテンシャルの大部分を犠牲にし、その能力を奴隷的レベルにまで引き下げることによって旧テクノロジーに奉仕させる。活版印刷で普通に行なった印字技術をそのままコンピュータでやろうとすると、コンピュータにかなりの負担をかけなければならないが、そのときコンピュータは、いわば無能者をよそおい、コンピュータにとってはバカバカしい仕事にあまんじている。その仕事を処理する速度と記憶容量を別の目的に向けるならば、そのコンピュータは、これまでの技術機械が決して発揮できなかったようなことができるはずであっても。

日常的にわれわれは薄々気づいているのだが、依然として、メディアによってメッセージを伝達するという観念が一般的である。メディアが「運送路」と考えられているのであり、だからこそ、情報の「送り手」「受け手」、「情報スーパー・ハイウェイ」などということが言われるわけである。しかし、電子メディアを情報の運送パイプとして使うときには、電子メディアの本来の特性を殺したやり方をしなければならない。

その適例が軍事通信である。軍事通信においては、情報の「送り手」と「受け手」が明確であり、原理的に、不特定多数の「送り手」や「受け手」は存在しない。普通の放送のように、誰がどのように聴いているかは厳密にはわからず、むしろその不可知性のなかで作動しているようなメディアでは決してない。また、モニター・スクリーンの画像にも、ビデオ・アートとは違い、すべて明確なメッセージがこめられている。

しかし、湾岸戦争以後にくりかえし見せられたミサイル映像が、もともとは「敵」と「味方」、「送り手」と「受け手」、さらには「現実」と「非現実」――つまりは誤差――とが明確に区別されることを前提とした映像であったはずだが、それが、多くの視聴者にとってはビデオゲームの映像や「この上なく美しいビデオアート」の映像として見えてしまったという事実は、電子メディアがこうした区別やメッセージ性をつねに越えた存在であることをはからずも示している。

電子メディアは、情報を伝達するパイプラインとしてよりも、コミュニケーションを組みかえる場として機能すべきものである。ラジオやテレビは、情報を数量的にとらえ、それをできるだけ大量に送達することができるように組織化されるために、信じられないようなロスをしている。現在、プロフェッショナルな放送局には、放送出力が五〇〇キロワット以上のところもめずらしくはない。これは、一ケ所から大量の情報を可能なかぎり多くの視聴者に「放射」（ブロードキャスト）し、送達しようとするからである。ここには、場所の質に関する意識が欠如しているのであり、ここでの場所とは均質な電波空間でしかないのである。

が、もし、場所性ということを重視するならば、出力をかぎりなく増大するという発想は生まれないだろう。五〇〇キロワットの放送局を作るより、一ワットの放送局を五万ケ所に作り、五万種類の異なる放送を行なう方が場所性ははるかに豊かになるからである。湾岸戦争ですでに、ミサイルの先端に装備された小型の「テレビ局」を一晩で何百局も惜し気なく使い捨てたが、そのコストを思えばはるかに安い予算で全世界に小出力のポリモーファスなテレビ・ネットワークを張りめぐらせることが実際に可能である。しかし、そのような放送行政は、まだ世界のいかなる国でも遂行されてはいないし、今後実行に移される見込みはなさそうである。というのも、現存する権力システムは、既存のテクノロジーを突然変異的に組み換えるよりも、膨大な犠牲と浪費を支払いながらしゃにむに継続しようというテクノ・ポリティクスによって動いているからである。ケータイやスマホは、事実上、そのようなマイクロ局であるが、それは、通常、「送り手」対「受け手」の旧来の方式でしか使われていない。

電子テクノロジーは、印刷テクノロジーの理念を引き受けることによって、印刷技術を完成させた。すなわちその複製という理念は、電子的なメディア・テクノロジーによってその可能性を極限まで発揮されることになった。が、完成とは終焉であり、ここにおいて複製という理念そのものが終わる。

実際、デジタル化された信号においては、オリジナルと複製の差異は消滅する。このことは、電子テクノロジーは、本来、複製のテクノロジーではないということであり、電子メディアも、複製とは別の方向からとらえなおされなければならないということを意味する。


コンピュータは、当初、プロセス・マシーンと解され、実際にプロセッサーとして使われてきた。いまでもわれわれは、コンピュータにデータプロセッサーの機能を期待している。しかしながら、われわれは、その機能がコンピュータのポテンシャルな機能の一部でしかないことに気づきはじめている。

プロセスとは、プログラムに従って何かを処理することであるが、プログラムにあらかじめ封入したことしかできないコンピュータは、いまでは幼稚なコンピュータである。かつて「写真製版」をプロセスと言っていたように、プロセスという言葉は複製文化に属している。が、コンピュータは、もはやプログラムを複製するのではなくて、プログラムをみずから創造するのであり、ある種の自己増殖性と外部へのアクセス性こそが、コンピュータのポテンシャルである。

コンピュータがプロセス・マシーンにとどまるとき、それは、情報を集積・所有するという印刷文化の伝統に支配される。これに対して、コンピュータをアクセス・マシーンとしてとらえるときには、ネットワークの発想を抜きにすることはできない。ここでは、情報は、集積・所有されるのではなくて、共有のなかで再構築されるのである。伝達、情報交換としてのコミュニケーションに代わって、共振としてのコミュニケーションが重要性を持つのはこの点においてである。

しかし、現在のインターネットは、コンピュータのこうしたアクセス性を十分に展開できずにいる。それは、依然として「メール」や「ニュース」といった印刷文化のコンセプトのなかにとどまっており、コンピュータのネットワークを通じて生まれる新しいコミュニケーションには、それほど新しいものを見出すことができないでいる。

放送の時間的なあるユニットが依然として「プログラム」と呼ばれているように、送信にとってプロ（あらかじめ）グラム（書き記す）ということが前提になっているが、これは、電子メディアよりも、むしろ印刷メディアに固有の性格であって、電子メディアにとって不可欠の条件ではない。電子メディアは、あらかじめ仕掛けをするよりも、即興的ななりゆきにまかせた方がその潜勢力をいかんなく発揮できるような装置である。

「放送」（ブロードキャスティング）という概念自体、電子テクノロジーにはなじまない。不幸にして、現在、ラジオやテレビは、人と人との距離をかぎりなく消去するための装置として使われている。だから、最も強力な放送メディアとは、遠い距離をいまここの感覚にすりかえることができるメディアであり、たとえば湾岸戦争やイラク戦争時のテレビ放送は、遠隔地での戦争をいまここの感覚で報道したことでその威力が評価されたのだった。しかし、それは、車や飛行機に期待されている能力——移動能力——であって、電子テクノロジーには、もっと別のことが期待されてしかるべきである。

ラジオやテレビは、情報を放射＝放送するのではなくて、送信（トランスミット）するのであり、このトランスミットは、文字通りに受けとられなければならない。トランスとは「横断的」、「一つの場所を越えて」ということであり、ミットはラテン語の mittere や mettre の系列に属する語で、「置く」「場所をつくる」ということとつながっている。それゆえ、「トランスミット」とは、「横断的な場所をつくること」であり、それぞれ異質な場を多重にリンクすることである。

マスメディアとしてのテレビやラジオは、そうした異質な場をリンクはするものの、それらを同質の場に統合することに努めてきた。それは、テレビやラジオが、不幸にして、輪転機、蒸気機関、歯車、車輪、レールといった機械テクノロジーにもとづく工業化の環境のなかにデビューしなければならなかったという歴史的な事情のためである。

歴史的な状況が工業化から脱工業化へ移行していくにつれて、ラジオやテレビのローカル化や分権化が進むのは当然である。と同時に、テクノロジーの基本動向も歴史の趨勢もすべて後追いとこじつけで済まそうとする日本のようなところから見ると「自由」に見えるアメリカやヨーロッパのメディア状況も、所詮は、こうした歴史的な趨勢に対応するためにとられた修正の結果としてローカル化し分権化しているのだということを忘れてはならない。

メディアの歴史は、ある点で、記憶を代補する装置の歴史である。フランシス・イエイツが『記憶術』(玉泉八州男ほか訳、水声社、一九九三年)のなかで書いているように、都市の街路や建築が記憶のメディアであった時代もあったが、近代は、書物が記憶のメディアとなった。書物は、次第に記憶の天才と博学の伝統を消滅させ、今日、コンピュータと連動した電子メディアが、記憶ということそのものを変容させようとしている。

しかし、街路や書物は、記憶を完璧には代補できないということが、そのメディア性をなしていたが、電子メディアは、記憶をある現実の再現前・複製とみなすことによって、その代補を完璧に実現する。いまここで体験される感覚・思考・動作を一〇年後に全く同じ状況で経験させること、もしお望みなら、一〇年後の「いまここ」の感覚に合わせて現実をヴァーチャルに変容させて経験させることもいとわない。ヴァーチャル・リアリティのテクノロジーは、想像をサンプリングし、現実化するテクノロジーである。

記憶の意味自体が変わりつつあるにもかかわらず、一方で、記憶の喪失を嘆き、他方で、記憶が電子テクノロジーによって完璧に代補されるという楽天主義にひたる傾向がある。確かに、記憶は失われているが、それは、電子テクノロジー以前から失われつつあった記憶である。また、電子テクノロジーが代補するかに見える記憶は、われわれがこれまで慣れ親しんできた記憶とは質的に異なるものである。

記憶とは、基本的に場の記憶である。この場では、情報や映像、言語概念や映像情報が、想起のたびごとに更新されるのである。これは、電子的なメモリー装置の記憶のやり方とは根本的に違っている。

電子テクノロジーの趨勢は、場の記憶を集積としての記憶にすりかえ、印刷技術の発展とともに昂進した場の記憶の喪失傾向をますます強めている。しかしながら、ここで、もし、場の記憶と集積的記憶との存在論的差異を正しく認識するならば、電子テクノロジーを場の記憶の先鋭化に役立てることができるだろう。

ポール・L・サッフォは、そのひらめきに富んだ『シリコンバレーの夢』(日暮雅通訳、ジャストシステム)のなかで、「情報オーバーロード」の時代には、一九世紀流の「ある情報を思い出す能力」よりも、「一見関係のない情報を結び付ける能力」、「一見無秩序で混沌としたデータの中に意味のあるパターンを見つけ出す数学の一分野、カオス理論」が重要性を持つようになると言っている。

こうした能力は、電子テクノロジーがこのまま発展すれば自動的に一般化するというものでは決してなく、むしろ、電子テクノロジーがポテンシャルとして持っている解放的側面であり、現実には、つねに先送りにされる能力である。

メディアをシステムのプログラムに従って受動的に使用するのではないその語の本来の

意味のメディア・アクティヴィストは、このような側面にこそ注目すべきだろう。要するにメディアをメッセージの媒介装置や記憶の代補装置とはみなさないことであり、放っておいても過剰に昂進する記憶の代補装置としての側面のかたわらで、電子メディアだけでなく、本や新聞のような旧メディアをも、ひらめきや場の再構築をうながす共振とアクセスを過激に推進するトランスミッターとしてとらえなおす実験と、それを阻む諸条件の批判に介入することである。

終焉以後の本

　いま「読書」と言っている完全「黙読」の読書スタイルは、一九世紀末以後に定着した。二〇世紀になっても、たとえば新聞を声を出して読んだり、他人に読んで聞かせるのは、決してめずらしくはなかった。黙読としての読書は、語り手や物語作者をハンディな紙の束に封じ込めることによって可能になったのだが、それは、デカルト的な「自我／コギト」（「われ思う、ゆえにわれあり」）の観念と手をとりあいながら、「個人としての読者」を確立していった。

　本の危機については、コンピュータとその姉妹機器が普及するにつれて論議が激しくなったが、読書の変質は、突然起こったものではなく、こうした黙読、ハンディな紙束としての本、個人としての読者の出現などの要素がともどもに変容してきた歴史的な流れの果てにある。逆に言えば、いま起こっている本の変化は、すでにそうした黙読／本／個人読者の出現のなかに潜在していたことなのである。そのため、いま本と読書のなかで起こっていることを理解するためには、黙読と完結したパッケージとしての本とが成立するなかで何が本質的に変わったのかを考える必要がある。

黙読とは、それまで読み聞かせてくれていた他者の消滅であり、読者が、無言でモノローグする自己とそれを聞く自己とを自分のなかに二重に持つことである。その場合、本は、自己を映す「鏡」であると同時に、自己をこちらに投射する「プロジェクター」になる。しかも、この鏡／プロジェクターは、自在に歪み、さまざまな「虚像」（ヴァーチャル・イメージ）を作るのであるから、読者は、本を手にし、目の前に持ってくることによってある種の変身経験をする。読書のなかには、単に知識を得るということ以前に、自己の身体を変容するということが潜在しているのだ。

身体を変容するためには、それを可能にする条件がそろっていなければならない。八〇年代に一般化する「カルチュラル・スタディーズ」の先駆者の一人であるP・G・ボガトゥイリョフによれば、オーラルな、つまり生身の身体だけを通じてのコミュニケーション様式の転換が東西ヨーロッパで明確になるのは、一九二〇年代以後である。いまでは信じられないような記憶力、歌唱の能力、身ぶりや舞踏の能力、口を使って他者とコミュニケートする能力は、一九二〇年代を境に減退し始めた。

これは、写真と映画という「複製を可能にする技術」（複製技術）、電話とラジオという同時性のメディア、身体の諸機能を機械で代替するロボット技術、などの普及の時期と重なり合っている。

身体の能力と機能を機械で代替したい、さらには、生命そのものを人工物で置き換え、永世をえたいという願望は、近代以前からあるが、そうした願望は、技術やテクノロジーが新たに転換するたびに物語や舞台などの形で表現されてきた。一九二〇年代にも、ある種のロボット指向が昂進する。ロボットという言葉は、カレル・チャペックの戯曲『R.U.R.』（一九二〇年）に端を発するが、チャペックの人間＝機械を風刺する発想は、実は、アメリカでヘンリー・フォードが自動車の大量生産のために、フレデリック・W・テイラーの理論を具体化したベルトコンベアー・システムからヒントを得ている。後になって、チャールズ・チャップリンが、『モダン・タイムズ』（一九三六年）のなかで風刺したが、ベルトコンベアーの流れ作業に従事する人間が、いかに機械にされてしまうかということが、チャペックをインスパイアーした。

黙読としての読書で読者は、文字という染みをもった紙の束と孤独に対峙する。その紙束にはシーケンシャルなページ番号がふられており、読者はそれに従ってページを読み進める。そこでは、読者の自由裁量が許されるとしても、身体は、形式的にベルトコンベアーの作業に似た状態に置かれる。程度の差はいろいろあるとしても、それは、身体のロボット化である。

ロボットは、その外部にそれをコントロールする主体があり、決して自律していないからこそロボットなのだが、同じように、近代の読者と、完結したパッケージとしての本とのあいだには、その関係をたえずコントロールする超越論的な主体が介在する。すなわち、単に「超越」しているのではなく、内にありながら超越している「作者」である。

前近代のオーラルな語りの伝統のなかでは、作者はそれほど特権的な位置を占めてはいなかった。語り手、作者、聴き手、主人公がかぎりなく混交しており、作者が最初に言ったことは、語り手が変更できたし、変更しようと思わなくても伝承のなかでどんどん変わっていった。聴き手は次の語り手であり、主人公の像も彼らとともに変化した。こうした事態は、語りが、印刷された文字の束のなかに厳密に密封されることによって、固定されていく。作者がオリジナルなものを保証する者として存在し、読者は、それにむかってかぎりない接近とアプローチをくりかえしていく。「いまは理解できなくても、作者の考えを究明していけば、必ずその作品の意味がわかる」というオリジナル信仰のもとで読書が進められるようになる。

一九六〇年代以後になって、ソシュール的な記号学の影響下で、「レクチュール論」、「読書論」、「読者性」が問題にされ、自律的な読者という発想が広まるなかで、少なくとも理論のうえでは、それまで不動の位置を占めていた「作者」が失墜しはじめる。テキストに能動的な意味づけをする「読者」が台頭し、作者があらかじめ設定した世界を読者が受動的に受け入れるのではなくて、読者こそが解釈する、解釈の能動性が復権する。

しかし、読者の復権は、同時に、それまで知や物語のカプセルとして至高の位置を占めてきた本の終末の始まりでもあった。それまで読者は、安心して作者のふところに飛び込むことができた。それは、ある種の予定調和であり、安定した世界の展開であった。が、意味づけする主体に返り咲いた読者には、ページの順番と作者の目くばせに従って読むだけではなく、それを越えた能動性が要求される。

二〇世紀の文学が「不条理の文学」に始まり、「記号のたわむれ」の文学に終わる、あるいは、両者のあいだを揺れ動いてきたのは、偶然ではない。読者の能動性が高まる一方で、受動性への反動的な要求も高まり、読者の本離れと、「読まなくてもよい」本の登場が始まる。読者がたえず新たに自ら発見しなければならない創造性をもとめられ、「これだ」という確信を持つことができないのは、つらい作業である。かくして、「魅力的」なタイトル、というよりも覚えやすい、あるいは覚えにくいがイメージだけは強烈なタイトル、すでにマスメディアで一定のイメージが形成され、本を実際に読まなくても「わかってしまう」気にさせる本が多くなる。

作品はすべて、読者による多様な意味づけを受け入れるが、それでは、一冊の本が何百万部も売れることはない。むしろ、読者に多様な意味づけをできなくさせる条件を作り出すことが販売戦略として採用される。それは、読者にとっては、ある意味では「安心」を保証する。一旦、キャッチフレーズやムードを作り出すことに成功すれば、読者は、このキャッチフレーズに身をゆだね、本来は個々にやるべき能動的な意味づけを回避し、最初のページを少し読んでたとえわからなくても、「わからないところが面白い」という気分を持ってページを閉じることができるようになる。

こうした読書／レクチュールの状況変化を待ち受けていたように、マルチメディア的な環境が加速していく。一九六〇年代以降、本や印刷媒体にかぎらず、映像、音、料理、民俗性、衣装、舞台等々物理的な表現形態のすべてを「テキスト」としてとらえ、分析する「テキスト論」が一般化する。マーシャル・マクルーハンの脱領域的な「メディア」論も評判になる。こうした動向は、それまで本というメディアにもっぱらまかせてきた機能を「外化・外注」することであり、本以外のメディアを「本」と同様なものとみなすことであった。逆に言えば、本は、こうした動向とともに「痩せて」いくことになる。本ががんばらなくても、それ以外のメディアが分散的にやってくれるわけである。

「メディア」という概念は、このように拡張された「本」をカバーする最も適切な概念として脚光をあび、また、かぎりなく拡張されたテキストを包括的にカバーする新たな領域として「電子」の領域が登場する。それまで、電話やラジオ／テレビというかぎられたメディア領域をカバーできるにすぎなかった電子メディアが、あらゆる表現媒体をカバーしうるものとして拡大される。

ここでは、近代の「作者」は失墜し、作者はアレンジャーになるという状況と、テキストの意味が無限ではないとしても、多様化するという事態とが手に手をとって進むことになる。作品の意味は読者次第となる。読者は、もはや唯一絶対のオリジナルな意味を求めて読書するのではなく、多様な意味のなかを浮遊し、遊ぶようになる。

なにか「客観的」なものがあるとすれば、それは、一つのテキストと他のテキストとの構造的同一性や差異性であり、だからこそ、本なら本というテキストのメディアを映像なら映像のメディアと連結していくような横断的な作業がしやすくなる。

まさにこうした事態を鋭く先取りしながら本を書いたのがフランツ・カフカであった。彼の作品の持つ「多義性」は、単にあらかじめ設定された多義性ではない。読者の対応次第でいかようにも変化するような無限の多様性であり、読者を作品の主体の一つとして前提している多様性である。

ところで、そうしたカフカにおいて、「本を書く」ということが解体してしまっていることは興味ぶかい。彼は、生前何冊かの薄い本を出版してはいるが、今日カフカの本としてわれわれが手にしているものの大半は、彼の死後、彼の意志に反して出版されたものである。彼が、自分の原稿を友人のマックス・ブロートに託し、「燃やしてくれ」と言ったというエピソードは有名だが、ブロートは、それを燃やさずに、編集し、出版した。カフカが、ブロートの事務能力を知っており、そういう言い方をすれば、彼が決して燃やすことはないだろうと思っていたと考えることも不可能ではないが、同じことを最晩年（といっても四一歳だった）にいっしょに暮していたドーラ・ディアマントに対して言い、実際に彼女がカフカのかなりの原稿を燃やしてしまったことを考えれば、カフカはいいかげんな思わせぶりをしたのではないだろう。彼は、「作者」というものを徹底的に抹殺したかったのだ。

むろん、作者を抹殺するということは、必ずしも原稿を燃やすことではない。一九九〇年代以後、コンピュータのソフトウェアの世界で有力になりはじめた「オープン・ソース」運動が、事実上「制度」となっていくことが暗示的である。オープン・ソースのソフトウェアでは、「作者」は最初の段階だけにかぎられる。そのあとの無限の「作者」は、登録はされるが、創造的な変化と発展の運動のなかに身をひそめる。その意味では、カフカは、

「燃やしてくれ」ということによって、彼自身としては「版権」を放棄し、自分が書いたテキストをある種の「オープン・ソース・ソフトウェア」として提供したのだと考えることもできる。

オリジナルなき徹底した複製技術の時代には、どのみち、すべての作品／テキストは、「ソース・コード」である。それを「オープン」にするか、クローズドにして「知的所有権」を付与するかにかかわらず、世に出た作品／テキストは、最初の作者が設定した意味や形を飛び越えて一人歩きするのをおさえることはできない。

本の完結性と作者の存在が儀式的な取り決めと馴れ合いにすぎないということははっきりした。が、そんなことは、近代の本に執着し、ながらくつきあってきた近代の読者にも、周知のことだった。どんなに「偉大」な作者が書いた本でも、それを「聖書」のように、それだけを読み通せば、世界が開かれると思う読者はいなかった。いっときそう思うとしても、それは儀式だった。だから、読者はどんどん本を買った。愛書家は、所有する本をすべて読みたいと思いながら、決してそれを果たすことができない。が、愛書家は、かぎりなく本の収集を続けることによって、暗黙に、本にまとわりつく作者の存在に距離を置こうとしている。

いま、人は、本を買わなくなり、読まなくなったという。しかし、それは、本が紙の束の集積にとどまらないものになってしまったからである。読むことは、テレビ、コンピュータ、さまざまな液晶端末の画面を通じて逆にますます多様化し、頻度も増えているのだが、そうした文字を媒介する新たな「本」は、潜在的に「オープン・ソース」的であり、自動的にデータとデータとを横断的にリンクする「自己参照的」な機能を持っている。

そもそもコンピュータとは、そうした自己参照のシステムである。「本」を買わなくても、ネットの「ページ」は、たとえばネット回線を通してたえず更新され、増えていく。今日の「愛書家」は、そうした自己参照機能を多重化することに情熱を傾ける者であり、書庫の広さには無頓着である。新しい「本」には、インターフェイスとしての電子装置以外には、「嵩《かさ》」がないからである。だから、本を読まず手の平に入るケータイしか持っていないとしても、その彼や彼女は、「愛書家」でありえる。その「端末」は、ネットを通じ、かぎりない自己参照機能を有しているからである。

しかし、それでは、これまでの本の機能と愛書家の情熱は、コンピュータとその姉妹機器に執着する電子アディクトたちのそれに解消されるのだろうか?

書籍がたくさん詰まった部屋を捨てて、コンピュータとモニターを主にした部屋で、あるいはトランクとラップトップコンピュータのノマド的放浪と遊歩のなかで生活してみて気づいたことがある。インターネットの飛躍的な発展と、端末機能の多様化によって、本の並んでいる棚のまえに行っていちいち本を取り出し、机に積み上げなくても、キーボードとモニターとの「格闘」だけである種の「読書」ができはする。かつてページをめくりながら夜空が白んでくるのを経験したのと同じように、キーボードとマウスを相手に朝をむかえるというようなこともめずらしくない。

　だが、本だけを相手にしていたときとくらべて異様に増殖したものがある。それは、メモである。モニターの枠の上にもポストイットや紙の小片をセロテープでとめたような数多くのメモが貼りつけられている。「電子本」は、検索のキーワードさえ思いつけば、いくらでも検索が可能であり、検索次第で創造的な独自のテキストを構築できる。電子本やデータベースを殺すも生かすも検索次第である。だが、検索のキーワードを思いつかない、忘れてしまうということが起こる。それは、皮肉なことに、自分が蓄積したデータベースにおいても起こるし、電子的なインターフェイスでデータを入出力することに慣れれば慣れるほど、記憶力が減退するようである。その結果、キーワードやキーワードのヒントをメモするという習慣が生まれる。それは、わたしの老化と無関係ではないとしても、コンピュータの内部にも「メモ」を貼りつける多様な機能がつぎつぎと登場している現状を考えると、これはコンピュータ・テクノロジー自身に内在する記憶喪失性にちがいない。電子メディアは、その本性上、クリストファー・ノーランが映画『メメント』（二〇〇〇年）で描いた「前向性健忘」（数分以上記憶が保てない）を昂進させるといわざるをえない。電子メディアをそうでなく使うこともできると思うが、現状は、そういう傾向ばかりが強くなっており、ひょっとすると、認知症の増加も、電子テクノロジーの浸透と無関係ではないかもしれない。

書架は、蔵書のそれであれ、書店や図書館のそれであれ、そこに並ぶ背表紙の文字によって、そうしたメモの必要を軽減してきた。愛書家は、自分の蔵書をくりかえし並べ換えるものだが、それは、無数のメモを貼り散らす労苦を軽減してくれる。すぐれた、そして創造的に配置された書架は、雑多な数多いメモよりも高度の記憶装置の機能を果たす。行きつけの本屋や図書館が便宜的な本の配置換えをすると、発狂したくなるような気にさせられるのもそのためだ。それは、記憶への暴力にほかならないからである。

こう考えてくると、未来の「読書」環境は、二つに分裂する気がしてくる。一つは、高度に発達した自己参照機能と記憶喚起機能を合わせ持ったデータに自由にアクセスが出来る「読書」環境であり、もう一つは、自宅に自分の図書館を持つか、あるいは、厖大な蔵書を持った図書館を自由に利用できる環境である。その際、将来、われわれの多くが、平均的に恩恵をこうむることが可能な「読書」環境は、どう見ても、前者のほうであろう。

デジタル・データにアクセスするインターフェイスは、日々、極小化し、いずれは、時計サイズになり、さらには、体内に埋め込むことが可能になるだろう。そうなると、いまの形態の「本」は姿を消さざるをえない。

とはいえ、問題の自己参照と記憶を身体外の装置、とりわけコンピュータにまかせるということは、ふたたびあの「作者」の支配を受け入れることになりはしないか？　いわば、自動的にページをめくり、注まで自動的に参照してくれるウェブページのように、読者は、受動的にページを傍観していればいいわけだから、「主体」は、そうした自己参照と記憶のシステムをあらかじめ組む「作者」の方に移る。実際に、ブログからはじまり、SNSにおいて制度化するウェブシステムのスタイルは、「おともだち」を勝手に探してくれたり、「欲しい」商品をつぎつぎに紹介してくれる。しかしながら、もし、創造性や一回性ということを信じるのならば、自己参照と記憶は、個々の自分の身体で（まさにマニュアルで）やっていくしかない。

そうだとすれば、大半のデータのほうは、極小化されるコンピュータにまかせるとしても、自己参照と記憶の訓練の場としての蔵書や図書館が必要になるだろう。実際に、日本の書店は、キオスク化と「図書館」化に分化している。しかし、書店は図書館ではない。ただ売れてしまえば、その本は棚から消える。すぐに補充をつけられるとはかぎらない。

し、いま、皮肉な現象が起きている。大書店は、本をサンプル的に参照する場として使い、現物はアマゾンのようなネットショップで買うという現象である。これは、本だけでなく、あらゆる商店にあてはまることであり、フィジカルな物品を売買する商店を危機に追い込んでいる。

かつてヨーロッパの本屋にいくと、去年来たときにあった本がそのまま同じ場所にあるというような経験をしばしばすることがあった。が、それは、いまではヨーロッパでも風前の灯である。歴史は、押しとどめようとしてもとどまることはない。書店・図書館・街路が一体になったような記憶の再生が行なわれなければ、本はますます滅びるだろうというのは、もはや懸念ではなくて、起こりつつある現実である。

が、重要なのは、未来予測ではない。依然として本があり、本に頼る文化があるなかで、本が本としてハッピーな状態にないということである。ならば、本を面白く使ってみよう。本を捨てず、コンピュータも拒否しない方法があるということを実証してみよう。

ネット時代の著作権

1

ネット時代の基本動向について折に触れて含蓄ある発言を続けているミッチ・ケイパーは、「コピー・ライトの問題は、ネットにおけるヴェトナムである」と言った。これは、なかなか意味深い。まず、コピー・ライトという概念は、アメリカにおいて「知的所有権」という概念として拡大された。この概念に同調することを世界各国に迫っているのはアメリカである。そして、この知的所有権というものは、アメリカがヴェトナムにゴ・ディン・デェム政権を作ったのと同じように無理がある。憲法には、しっかりした定義があるのに、それを無視して手前勝手に期間を延長するところも、ヴェトナムに似ている。この分で行けば、知的所有権などというものは、いつも強権を発動してごり押しをするアメリカという国のエピソードにすぎないことが判明する日が来るだろう。しかし、ヴェトナム戦争のようなばかげたことはもうしないと思われたアメリカが、湾岸戦争、アフガニスタン攻撃、そしてイラク攻撃と、歴史の忘却をくりかえしているところを見ると、知的所有権も、当分だらだらと生き残るのを覚悟しなければならない。

コピーライトから「インテレクチュアル・プロパティ」へと表現を替え、概念を不当に拡大しても、「知的所有権」という概念の限界地平は見えている。知的所有権には、著作権、特許権、商標権、実用新案権、意匠権、植物新品種権、商号権、回路配置権、ビジネス方法権、微生物特許等々、かぎりない分野の独占権が含まれるが、基本の概念はコピーライト、つまり「複製可能性」に関する権利である。ところが、この「複製」の技術が、二〇世紀後半を境にして、ドラスティックに変化した。

二〇世紀のテクノロジーは、複製を可能にする技術を限界まで押し進めた。当初、複製は、オリジナルのある複製だった。だから、最高の価値はオリジナルであり、複製は贋作、ニセの製造にとどまっていた。が、これがデジタル技術の発達とともに、オリジナルなき複製、複製の複製になっていった。これは、SP／LPレコードからCD／DVDへの変遷を考えれば、容易に理解できるだろう。

レコードには、まず、「マスター盤」があった。レコードは、一度聴けば、針によってこすられることによって「マスター版」とは異なるものになってしまう。そして、マスター版ですら、アナログ録音の技術のなかでは、マスターテープと同じではない。さらに、生演奏の録音である場合には、そのマスターテープでさえ、オリジナルとは異なる。ここでは、オリジナルである生演奏が最高価値を占めるのである。デジタル録音のCD／DVDでも、このことには変わりがないが、デジタル録音にいたって、最初にアコースティックな生音があり、それが録音されるのではなく、最初からデジタル信号としてしか存在しないような演奏が次第に増えて行く。デジタル媒体で聴くことが、聴覚的に最初の演奏体験であるような演奏だ。ここでは、「オリジナル」ということが意味をなさない。

2

本の複製とコピーライトの問題は、レコードやCD／DVDとは異なる側面を持っているということについて考えておく必要がある。これは、知的所有権の問題が、依然としてコピーライト、複製可能性の問題であることを明らかにする。

本の複製は、ある意味で、最初から今日のデジタルディスクにおとらず複製中の複製、オリジナルなき複製であった。それは、文字というメディアが持つ抽象化作用と関係がある。文字は、「字面」だけを読むのではなく、その先の概念を読むわけだが、本は、レコードとちがい、多少の汚れや傷によってもその「オリジナル」性が損なわれることはない。たしかに、骨董品/物としては違うのだが、印刷された本は、通常、すべて同じものと見なされる。同じ版の本を何回読んでも、それが「オリジナル」から遠ざかるとは見なされない。その意味では、本は、最初から、コピーライトを設定しにくいメディアだった。ここで著作権というものを設定するためには、本そのものを越える領域が持ち出されなければならない。すなわち「著者＝作者」である。

実際には、本の製作には、紙に文字を記した「著者」だけでなく、編集、印刷、製本にかかわった人間が多数存在するわけだが、そのなかで「著者」に特権をあたえ、絶対化することによって「著作権」が可能になる。これは、近代の小説という形式のなかで定着され、それがやがて、他のメディアへ、さらには思考の形式にも影響をあたえて行った。本は、作者の知性の「複製」であり、また、知識は、思考する「主体」の独占的な産物だというわけだ。かくして本の著作権は、著者に帰属するということになるが、その根拠はきわめて便宜的である。そして、だからこそ、著作権を契約によって、著者以外の者に帰属させるということが「正当」とみなされたりもするのである。もともと取り決めにすぎないわけであるから、それを契約しだいでどう定義しなおしても、変わりがないのである。

3

こう考えると、今日の知的所有権の問題に関して、それが正当であるか否かを問うのは、無意味であることが明らかになる。知的所有権というのは、契約の問題であって、「ゲームの規則」なのだ。ここでは、そのゲームに知的所有権という規則が含まれているのであり、それをやめるには、そのゲームそのものをやめなければならないのである。実際、いま知的所有権というものが問題になっているとすれば、それは、当該の作品の作られ方のなかにある。書いているかどうかよりも、とにかく「著者」という特権者を設定し、そこに権利を帰属させるという方式、その延長線上にある今日のメディアの製作方式が、いま矛盾を露呈しているのである。

すでに、哲学(解釈学)や言語学(記号学)は、この矛盾をつきつめた。思考は、もはや、「超越者」のメッセージを受動的に受け取ることではなく、読書は、作品の究極的な背後に潜む「作者」の言わんとすることにちかづくことではない。「主体」は、思考の向こう側にあるのではなく、思考する者自身がそれなのであり、読むということは、読者が(さまざまな「作者」のめくばせを意識しつつも)自分でテキストに意味づけをすることである。「神」は死に、「作者」は死んだ。それらは、「ゲーム」としての諸行為のなかにしか存在しえないのが現代である。

書物にコピーライトが制定されたとき、その印字装置(コピー機=複製機械)は万人のものではなかった。最初の徹底した複製技術である印刷機は、高価なものであり、大がかりな装置であった。印刷はいまでも手間がかかるが、極限に達した複製技術機械であるコンピュータは、いまや万人のものである。さらに、個々のコンピュータを地球規模で結びつけるインターネットは、個々人の行なう複製を地球規模に拡大した。もうここでは、知的所有権を独占する主体を特定することは、不可能である。

4

音楽や映画の業界は、インターネットにおける「不法コピー」のために、収益が減少したとして知的所有権の必要を説く。このままだと、作品を創造するアーティストや作家の生活がなりたたなくなるというのである。しかし、実際には、新しいものは、つねに、マイナーな、突然現れるアーティストによって創造されるのであって、そうした創造者たちは、多くの場合、作品によって生活が保証されるわけではない。すでにフランツ・カフカがよい例だが、死後爆発的なブームになり、全集や著作集、さらにはデジタル版がくり返し発売され、厖大な収益を上げた作家が、全くその恩恵にあずからないのである。

それは、あたりまえである。著作権制度というものが最初から不平等な「ゲーム」を前提としているからである。著作権制度は、著者やアーティストの生活を守るために作られたわけではない。著者であれ会社であれ、それによって組織的に儲けるためにこの制度が定着し、整備されたのである。だから、この制度が発達するにつれて、個々の作家やアーティストの生活などはおかまいなしに一人歩きするようになる。

しかし、面白いのは、カフカの例である。彼は、まえにも書いたように、原稿の束を「燃やしてくれ」と言って、友人のマックス・ブロートに渡した。彼の重要な作品の多くは、カフカの意志に反して出版された。が、ここで、カフカが作品そのものの廃棄を求めたのではなく、作品の著作権を放棄しようとしたのだと考えることも出来る。

その意味でカフカは、アンチ・コピーライトを先取りしただけでなく、「オープン・ソース・コード」の動向をも先取りしていた。彼の小説には、フリードリッヒ・バイスナーが『物語作者フランツ・カフカ』（粉川哲夫訳、せりか書房、一九七六年）のなかで指摘したように、最低限三人の「作者」がいる。すなわち、執筆者、主人公、そして読者である。

読者／ユーザーのアプローチの仕方で無限の意味を提示するカフカの魔術的な表現。しかし、その「魔術」が、今日の電子メディアにおいては暗黙の前提となる。

5

二〇世紀末になって、確実に新しい動きが表に出て来た。その発端は、フィンランドのリーナス・トーヴァルズがソース・コードを書いたOS「リナックス（Linux）」である。ここからやがて「オープン・ソース・コード・ムーブメント」が始まるのだが、これは、かつてアメリカのリチャード・ストールマンが始めた「フリー・ソフトウェア財団」の運動とも似ているようで異なっている。ストールマンの運動は、「財団」という形態を取ったことでもわかるように、一九世紀流の「慈善」（チャリティ）運動の延長線上にとどまっている。ストールマンは、仲間や賛同者とともにその総称を「グニュ」（GNU）と呼ぶフリーソフトを開発し、誰にでも無料で提供することを始めた。**GNU** とは、**Gnu is Not Unix**（カリフォルニア大学バークレー校のグループが開発し、やがてライセンス制になる **BSD-UNIX** のこと）、つまり「ライセンス制ではなく」自由に提供されるということを意味する符牒である。

いまでは、オープン・ソース・コード運動の影響で、このフリーソフトもオープン・ソース・コードに近づいてきているが、本来、フリーソフトには、一方に特定の製作者がおり、他方にそれを製作者の寛大さによって無料で使用するユーザーが存在する。つまり、フリーソフトは、あくまでも特権的な立場にいる者が「慈善」として提供するものである。その精神は、ヴィクトリア時代に金持ちが貧者を救済したのと何ら変わりがない。これに対して、オープン・ソースでは、いわば基本のアイデアと部品だけを無償で提供しあい、それを「ユーザー」に利用させる。が、ここでは、「ユーザー」は単なる受け身の利用者ではなくて、同時に共同の製作者/創造者でもある。そうしたアイデアと部品を利用して製作しないかぎり、何も始まらないし、そこからさらに何が出来上がるかは予想できないからである。つまり、ユーザーとプロデューサーとの近代主義的な分業を前提するのではなく、ユーザーでありプロデューサーであるという事態が前提となるのである。

問題のアメリカでも、アンチ・コピーライトの動きは、着実な成果をあげている。たとえば、一九八〇年代からコピーライトフリーの書籍を出しはじめたニューヨークのアウトノメディア(Autonomedia)の書籍は、いまでは、大きな本屋の棚にもならべられるほど定着した。その一冊、ハキム・ベイの『T.A.Z.——一時的自律ゾーン』(箕輪裕訳、インパクト出版会、一九九七年)のように、数十か国語で翻訳され、ネットにも公開され、思想的に大きなインパクトをあたえたものもある。版権を気にしないで済むので、引用や転載が自由におこなわれ、そこから新たな思想的対話も生まれた。

この場合、印税をあてにできない著者はどうするのかという問題が出てくるが、だから著作権は必要なのだという論法は、順序が逆なのだ。貧しい作家やアーティストの生活を守るために著作権が出来たのではないのだから、生活を守る方法は別の観点から考え直されなければならない。おそらく、今後は、作家やアーティストは、アーティスト・イン・レジデンスやある種のパトロネージュやグラントのような形で生活の保証を得るという方向に向かうだろう。しかし、この場合、知的所有権をいまのままにし、そうした作家やアーティストが生み出した作品でその「パトロン」が巨大な利潤を獲得するようなことになると、まさに、青色発光ダイオードの開発をめぐって、中村修二氏と日亜化学とのあいだで闘われたような特許訴訟（二〇〇一〜二〇〇五年）や紛争が、ますます増大し、いま以上の混乱を招くことになるだろう。作る人を守るそうした新たな制度は、あくまで、脱知的所有権の状況のなかではじめて有効になる。

6

このように使用と製作の前提そのものが組み替えられるということは、歴史的な変化であり、時代を画するものである。実際、オープン・ソース運動の出現は、近代（モダン）という時代からポストモダンへの移り行きを象徴する事態である。だから、もはやモダンの時代ではないという前提に立てば、フリーソフトはもとより、知的所有権などというものが、そもそも時代遅れなのである。

すでに、「所有」という概念自体がもはや形骸化している。所有は、物とともに生まれた概念である。だが、すべての活動の基本単位とロジックが物から情報へ移るにつれて、所有という概念も変質せざるを得ないし、究極的には、消滅するのである。

物は所有し、独占することができるが、情報はできない。それは、流れつづけなければならないし、それを価値づけるのは、独占の度合いとしての量ではない。情報の価値は差異であり、類似の情報は無意味である。焼き直しの情報、くりかえされた情報は、無価値である。情報を物のように囲い込めば、情報は情報ではなくなる。

物は、独占し、誰もが手に入れることが出来ない「稀少性」を捏造することによって価値を生む。価値ある物とは、どこでも買える品物ではない。物の取り引きは、こうした稀少性を操作することによって発展した。情報も、秘密を守ることによって、「価値ある情報」を生み出すことができるし、実際に、依然、そのような形で価値を生んではいる。

知的所有権は、まさに、パスワード、暗号、セイフガードといった、流通を限定し、稀少性を操作する方法によって守られる。しかし、その結果はどうか？　独占の結果、利潤は当面維持されるが、もし、その情報が自由に流された場合に生ずるであろう可能性はとざされ、その開花が先送りされてしまう。

こんな言い方をすると、もしあらゆる情報が解放されたら、原爆や遺伝子操作を個人がおこなったり、国家を転覆するような破壊行為が横行するのではないかという意見が出るかもしれない。しかし、実は、こういう推理は、論理が逆なのだ。情報が独占され、秘密が保持されるからこそ、秘密の漏洩や秘密の簒奪が生まれるのである。情報の独占と操作を最も組織的にやっているのは国家であるが、いまの状態の国家というものがそもそもモダン時代の遺物である。もし、情報の独占が緩和されるならば、国家はいまの形態のままではいられないし、むろん、経済システムも変わらざるをえない。が、だからこそ、いま、情報をめぐる熾烈な闘いが起きているわけだ。

しかし、歴史は決して同じところにとどまることはない。停滞や後退、反復や反動はいっとき起こるとしても、ある時代にミクロな形でちらりと現れた新たな動きは、いずれ全般化する。このことは、逆に言えば、知的所有権の終焉、情報の解放はすぐには起きないということでもある。しかし、たとえ長い「暗黒時代」が続くとしても、独占と解放の熾烈な闘いは昂進するであろうし、その結果、ある日、気づいて見ると、いまとは全く異なる世界があるというようなことになるはずである。

7

インターネットは、最初は、かぎられた専門家の無償の努力によって万人のものとなった。ティム・バーナーズ＝リーやマーク・アンダーセンの無償の努力がなければ、そうはならなかっただろう。また、アンダーセンが開発したブラウザ「モゼーク」（Mosaic、「モザイク」）を発展させたネットスケープ社、さらにはその「ネットスケープ・ナヴィゲーター」を「簒奪」した「インターネット・エクスプローラー」をしぶしぶながらも無償で提供しはじめたマイクロソフト社の「慈善」行為がなければ、インターネットのこれほどまでの普及は可能にはならなかった。そして、それは、インターネットの可能性を広げるだけでなく、旧来の稀少性にもとづくマーケットにも新たな商品をもたらし、利潤をも生んだのだった。

慈善はつづいており、与える「富者」と「貧者」の格差（「デジタル・デバイド」）は持ち越されるどころか、その差はますますひろがっているのだが、このポスト・チャリティ時代のプロセスのなかで、商業や市場経済のなかにも、微妙な変化が起こりはじめている。

リナックスの創始者のリーナス・トーヴァルズは、フリーソフト運動のリチャード・ストールマンとは異なり、彼のソース・コードを使って新たな商品を作り、金儲けをすることを禁じなかった。彼は、そもそも禁じるということの古さを知っていた。その結果、多くの商用リナックスが登場したわけだが、その価格は、オリジナルの「知的所有権」を独占されたソフトよりもはるかに安く、そのためにその利用者が急激に増えた。ここでは、ビジネスは、利潤という旧価値をそこそこに満たしながら、普及とポピュラリティという新たな価値（情報としての価値）を広げたのである。

物の経済から情報の経済への移行のなかでは、経済価値は、量的で抽象的な価格から個人的で具体的な意味や満足感へ向かう。人は、金《カネ》をいくら儲けても、満足感なしには生きることができない。いかなる経済システムの根底にも、満足感の充足や有意味であることの確信があったはずだが、それを見えなくしてきたのが近代の物的経済であった。しかし、情報経済のなかでの満足感は、一円しかないより一〇〇万円を持っているほうが満足感が高いというような量の満足感ではなくて、質的で個的な経験の満足感である。それは、享受する個々人によって異なるような価値であり、かぎりなく多様であることが求められるような価値である。

しかし、これは、二〇世紀後半のマーケッティング戦略で加速された市場の細分化・多様化とは次元が異なる、もっと積極的な多様化である。商品を細分化し、「多様」な消費者のニーズに応えるというのは、いまでも行なわれているマーケッティング戦略であるが、それは、物の多様性のレベルにとどまっている。情報経済のなかでは、ユーザーのニーズは、物の多様性から情報の多様性へ向かう。情報の多様性とは、何かを使ったり、作ったりする方法の創造的な多様性である。これまでの市場の「多様化」は、外見上（つまり知覚の一器官だけを重視して）「多様」な物を増やしはしたが、その使い方は、単調だった。多種類のビールが、同じように飲まれた。そして、こうした多様性の観念が、あるゆる領域の価値観を支配してきた。

新しい商品価値は、全開の知覚器官に応じようとするものであり、ソフトウェアにおいてまだ非常に素朴な形であらわれている「カスタマイズ」のもっと徹底した形のなかであらわれる。すでにパーソナル・コンピュータは、ハードの多様性の段階から、ソフトの多様性、さらには、そのカスタマイズの多様性の段階に入り始めている。しかし、無料であれ、有料であれ、あたえられた多様性は、物のロジックを脱していない。

8

新しい多様性は、ユーザー／製作者が生み出すものだ。あたえられるのは、「素材」と「使用事例」だけでよい。こうした本質的な意味での「カスタマイズ」の度合いが、今後、一層進むことは確実だ。それにともなって、ユーザーは、単なる使用者ではなく、同時に製作者でもあらざるをえなくなる。情報を受け取って、消化するだけではなく、加工し、みずから利用し、さらには、それを他に「横流し」することによってより強度の生気を得る。すでにわれわれは、組織や国家に依存しない自律的なメディアや自発的な教育の場を持ちはじめている。

　しかし、楽天的にかまえてはいられない動向も進んでいる。くりかえすが、電子テクノロジー自身がもたらす記憶喪失である。記憶とデータとは異なるのだが、いま、コンピュータ技術の未曾有の普及と発達は、あらゆる記憶がデータで代替されるかのような観念を昂進させている。その結果、まえにも書いたように、人は大なり小なり、映画『メメント』の主人公レナードのような「前向性健忘」にかかりはじめている。レナードは、数分の記憶しかできないので、つねにメモを取り、おぼえておかなければならないことはポラロイドカメラにおさめる。いや、ケータイやスマホはすでにそのようなメモである。

二一世紀の人間は、テクノロジーがもたらす構造的記憶喪失をどうのりこえるのだろうか？ あるいは、この記憶喪失のおかげで、個々の物の記憶はあいまいでも、データとデータとを創造的に結びつけるひらめきの能力をとぎすませるのだろうか？

あらゆるものが「知的所有権」に独占され、データの使用を限定されてしまうのなら、まだ「知的所有権」のスタンプを押されない真新しい作品を生み出すしかない。すでに音楽の世界では、カットとミックスはあたりまえである。既存のデータをカットし、ミックスし、編集する能力。それは、蓄積よりもひらめきの領分である。しかし、データと区別された本来の記憶を捨てて、そのようなひらめきの能力が発達するだろうか？ この問題は、「知的所有権」の行末とも深く関わっているはずである。

Ⅱ

批評と批判

日本語では、「批評」と「批判」はニュアンスが違うが、英語などのインド＝ヨーロッパ語では、criticism、critique、Kritik等々――ギリシャ語のkritikosに由来する――の語が「批評」を意味したり、「批判」を意味したりする。

わたしは、あえて肩書を尋ねられるとき、「批評家」と称している。英語では、criticである。以前、英語圏を放浪していたとき、名刺に「Social Critic」という肩書を刷り込んでいたら、それを見て破顔一笑し、「It's good!」と喜んだ人がいた。わたしは、別にユーモアのつもりでそういう言いまわしを考えたのではなく、ただ、「社会問題を批評する」のを仕事としているといった意味あいだったのだが、英語の文脈では、「社会に難癖をつける人」という意味にもなって、奇妙なユーモアが生まれたらしい。

日本語の「批評家」にはそのような含みはない。「批評」とは、どこかにクールな匂いをただよわせる言葉であり、「非難」ほど感情的ではなく、また「批判」ほど攻撃的でもない。「批判」をして逆に攻撃を受けることはあるが、「批評家」はいつも安全地帯におさまっている。だから、「批評家」は、職業としても成り立つのである。「文芸批評家」が好例である。

その意味では、わたしが自称する「批評家」は、むしろ「批判家」と言い換えた方がよいのかもしれない。しかし、こう言ってしまうと、「批評」という言葉の「評」の部分に含意されているクールな側面が吹き飛んでしまう。その語の成り立ちからすれば、「批判」を構成する要素は、手偏《へん》を除けば、「比」は比較や対比の「比」であり、「判」は判定や判明の「判」であるから、「非難」のような下品さには距離を置いているのだが、この語の歴史・具体的な意味は原義から大きくはずれてしまった。

哲学では「批判」は、「純粋理性批判」、「経験批判」、「批判理論」などのように、ある能力や領域の限界確定を意味し、さしあたり、そこには「非難」の意味はない。それは、日本における西洋哲学の用語が、ことごとく指標的な言語でしかないからである。言い換えれば、ここでは、さしあたり「批判」という日本語を使いながら、思考は criticism や Kritik という原語でやるという亡命的思考がこの国の思考の基本にあるからである。

教科書的な説明によれば、criticism や Kritik の語源は、ギリシャ語の krinein（分ける、決める）であり、crisis（危機）も、一連の出来事の「決め手」、その前と後とを「分ける」決定的な事態であるところからそう呼ばれる。だから「批判」とは、まず問題の対象を腑分けし、それがどのような由来と行き先をもっているかを確定することだということになる。

思考の歴史のなかで批判が大きな主題となるのは、近代以後のことであり、カントはその最大の仕掛け人の一人である。彼にとって、哲学とは批判であり、ものごとの限界と可能性を認識することが思考にほかならなかった。『純粋理性批判』のなかで、彼は、「理性の一切の関心（思弁的および実践的関心）」を次の三つの問いにまとめているが、これは、批判的思考の課題を網羅している。

一　わたしは何を知ることができるか
二　わたしは何をなすべきか
三　わたしは何を希望することがゆるされるか

近代の思考は、結局、反省に終始する。自分が使っている「理性」という能力を反省し、その「限界」を確定することである。しかし、「反省」の原語をなすreflectionには、「反射」

や「反響」の意味がある。つまり、ここでは、自分を越えたところから到来するものが自分という場で「屈折」するという形而上学が前提されているわけである。実際、カントにとって、思考とは、「理性の光」が射し込む意識の場を限界確定することであり、その場の限界を自覚しながら、それを「使用」(「理性の超越論的使用」)することであった。

カントの反省哲学/批判的思考は、ニュートン的な光学世界とセットになっていた。近代科学がその数学的な時間と空間のなかに構築した物、そしてその総体としての世界と宇宙は、カントの言い方では、「現象」である。そして、現象とは、「物自体」が意識の場に射し込むことによって生じた「屈折」にほかならない。これは、中世の思考や物体観とは大いに異なっている。アウグスティヌスは、『告白』のなかで次のように言っている。

私は私の神を愛するとき、一種の光と、一種の声と、一種の香りと、一種の糧と、一種の抱擁を、愛するのである。これらは、私の内なる人の光と声と香りと糧と抱擁なのである。この内なる人のなかで、或る光が輝くのだが、この光は空間に拡がるのではない。そのなかで、或る声がひびくのだが、この声は時間のなかにひろがるのではない。そのなかで、或る香りがただようのだが、この香りは風に吹きとばされることがない。そのなかで、或る食物の味がするのだが、これは、食っても、減ることがない。そのなかでは、或る抱擁がおこなわれるのだが、これは、飽きて、離れるような抱擁ではない。（今泉三良訳、河出書房新社、一九七二年）

中世の教会にしつらえられたステンドグラスは、神から届く光や声を「屈折」するのではなく、貫かせ、そこにある物を浮き彫りにする。が、それは、近代数学の時間と空間の軸の上に「客観的」に構築された物ではない。その物は、知覚する者（祈る者）がそれを「永遠の相」において受け取る度合いに応じて姿を現す。

中世から近世への移行のなかで、「フィルター」としての物から「反射板」としての物への移行が進められたわけだが、批判／批評は、この移行過程のなかで活躍の現場を獲得する。「フィルター」としての物のもとでは、批判／批評の場はなかった。そもそも、神から切り離された「人間」の感覚・思考という独自領域は存在しえないと考えられたのであり、人間は、超越的な光によって貫きつくされるときのみ本来の人間でありえるのだった。アウグスティヌスは、「すべての真なるものの源泉である真理そのものだけを、よろこぶようになるとき、はじめて、幸福になることができるだろう」と言っているが、ここで言われている「よろこぶようになる」や「幸福」は、いまわれわれがそれらの言葉によって表象するような意味とはかなりの隔たりがある。ゴダールの映画『決別』（一九九三年）

のなかのせりふではないが、「火のおこし方も祈りの奥義も知らない」モダン・エイジおよびポストモダン・エイジの人間には、アウグスティヌスの言葉を理解するには相当な操作が必要だろう。いずれにしても、批判／批評が極めて近代という「長周期」に特有の知覚・思考形態であり、それゆえ、それが、社会的な身ぶりとしては終わる別の時代が現れるということもありうるということだ。

近代の物は、「反射板」ないしは「屈折板」として、その究極は鏡である。批判／批評は、「歪んだ鏡」の歪みを補正する役割を果たす。しかし、鏡としての物、鏡としての世界において、その鏡性が昂進するにつれて、反省＝反射は、一つの自動過程となり、それ自体としての意味を失う。反省＝反射が可能なのは、「反射板」がまだ不十分なあいだだけである。近代の物とは、歪んだ「反射板」が構築する幻影つまりは映像であるが、歪みのない鏡において、その映像は「実像」となる。もはや、そこに反射する光の源は忘れられ、括弧に入れられ、やがて、そんなものはなかったということになる。カントは、「物自体」をアンタッチャブルな領域として保留したが、その後の思考の歴史は、それを空無化することに終始した。

いま、われわれは、映像の時代にいるが、その映像は、近代数学の構築からはずれた物たち（「自然」や「身体」）に依存することによって作られる映像（たとえばガラスやフィルムに焼き付けられたシミとしての映像）ではなく、初めから数学的に構築されたムクの電子映像である。そしてその根っから近代数学的な素姓をもつ映像が、逆に、それまで近代数学の構成や構築からはずれていた物たちをもシミュレートし、模造し、ついには「捏造」し、それらに取って代わるというところまで来ている。

デジタルの世界は、近代の動向の極みであり、完成である。それは、鏡と化した物の世界であり、その歴史過程を顧慮しようとする思考の良心がやっとのことで「ヴァーチャル」という形容詞を付けるのを除けば、もはや誰にも「幻影」や「幻想」との区別が出来ない完璧な「実」世界である。

ジル・ドゥルーズは、ヴァーチャル・リアリティが登場するはるか以前に、この技術が普遍化する状況を概念化したかのような一節を書いている。

わたしたちは、ヴァーチャル（訳書では「潜在的」）なものを実在的なものに対立させてきた。だがいまや、そのような言葉遣いは修正する必要がある。というのも、そうした言葉遣いはこれまで、正確ではありえなかったからである。ヴァーチャルなものは、実在的なものに対立せず、ただアクチュアルなものに対立するだけである。潜在的なものは、潜在的なものであるかぎりにおいて、或る十全的な実在性を保持して

いるのである。（財津理訳『差異と反復』、河出書房新社、一九九二年）

ドゥルーズのこうした表現が、ヴァーチャル・リアリティの普及した状況を鋭く予見してしまうのは、彼が、近代の思考と近代世界の行き先を根底的に考察したからであり、またヴァーチャル・リアリティの側から言えば、この技術がただの流行ではなく、近代テクノロジーの一つの極限と完成を体現しているからである。

ヴァーチャリティの時代には、反省や批判／批評はもはや社会的に目立つ思考形態ではなくなる。が、そうだとすると、一体、どのような思考の形態が一般化するのだろうか？

近代のなかで浮き彫りになる批判／批評は、物が反射＝反省の「射影」（フッサール）でありつづけるかぎりで有効性をもった。そして、この反射＝反省は、何かについての反射＝反省であり、何らかの超越的外部を想定する。しかし、すべてが反射＝反省と化した世界では、まさに、オーソン・ウェルズの映画『上海から来た女』（一九四七年）のミラールームのように、外部＝出口は見えない。そして、ミラールームのなかでピストルが発射され、外部＝出口が判明するときには、その世界そのものが解体されるときなのだ。

鏡の解体は、すべてが鏡と化した世界では、同時に思考の解体である。ここでは、思考は、自ら循環を戯れるか、身動きをやめて、思考の終焉に引きこもるかしかない。が、思考を思考の戯れのなかに解放することは思考にとってこの上ないことではないのか？　批判や批評が有力な社会的身ぶりとなるのをやめて、もっとささやかで瑣末なものの位置に立ち戻ることは、むしろ自然なことだろう。そこには、すべてがこちらに射し込んでくるような光源としての超越も、まぶしく輝くメカニズム的な物もないはずだ。

思考の具体的な形態を問題にしようとするならば、メディアを問題にせざるをえない。メディアとは、思考の具体的な場であり、具体的な形態であるからだ。

思考にとって最も基礎的なメディアは手である。カントは、かつて手を「外部の脳」だと言ったとされるが、近代は、まさに、手を使わずに済ませるという方向を極限まで推し進めた。手が「外部の脳」——これは、「内部の脳」とは別の脳という意味ではなくて、脳の外部端末であるという意味だ——であるとすれば、それを使わないということは、それを別のもので代替するということである。実際、モダン・テクノロジーの理想は、思考を人工知能で代替することであった。

J・H・ヴァン・デン・ベルクは、近代を規定した労働の分業が、テクノロジーによって加速される以前に、もっと根源的な分離衝動・欲求によって準備され、始動されていたことを指摘し、その際、「疎遠になる手」に注目している。そもそも、「一八世紀にあったのは労働の分業だけではなく、すべてのものが、ほとんどすべてのものが分離され、諸部分へと引き裂かれ、また分解されている。病気、植物、動物、人間のエゴでさえ複数の自己へと分離する」。そして、その際、注目すべきは、手と生産との関係である。たとえばビンの生産を考えてみると、「昔のビンは両手でつくられ」たが、分業が広まったアダム・スミスの時代には、「何人もの両手でつくられ」、そして、機械が導入されたマルクスの時代には、「ビンは手作りではなく、手に触れることさえなかった」とヴァン・デン・ベルクは言う（早坂泰次郎訳『引き裂かれた人間　引き裂く社会』、勁草書房、一九八〇年）。

思考のメディアの場合にも、メディアの「発達」とは、「疎遠になる手」の昂進である。キーボードは、まさに、手をカオティックな脳の外化されたエイジェントとしての自律的でトータルな位置から、極めて幼稚で単純な動作のなかに閉じ込めたのだった。そもそも、ペンで文字を書くということからして、手は、相当程度単純な形式のなかに幽閉されたが、それでも、まだ片手は解放されていた。キーボードは、その片手をも単調さのなかに取り込むことに成功する。

コンピュータは、その後、キーボードとは異なるさまざまなインターフェイスを持つようになるが、今日でも、依然としてキーボードの優位は終わってはいない。ただし、その後、コンピュータが数字や文字だけではなく、画像や音を扱うようになり、しかもそれが、個人の思考の舞台に下りてくるようになったために、キーボードがもはや、アルファベットの二六文字や画一的な指の上下運動のなかに手を拘束することが出来ないという事態が次第に強まっている。マウスやジョイスティイクは、そうした矛盾のつけ焼き刃的な解決方法にすぎない。コンピュータのインターフェイスは、今後、急速にキーボード離れをしなければならず、その中間段階として、ピアノにおけるセシル・テイラー／山下洋輔的な使用法、いや、ジョン・ケージのプリペアード・ピアノ的な使用法が現れてもしかるべき状況にある。

コンピュータは、これまで、計算機として、情報のフィードバック・システムとして、極めて反省的・批判的な装置であった。しかし、コンピュータは、そのような近代の素姓を乗り越えようとしている。反省的対話の批判的／批評的相手であるよりも、直観や発作を誘導するやっかいだが、創造的で脅迫的な装置へ。

つるつるに磨き上げられてしまった鏡面は、その上に異物を貼りつけ、投射することによって、かつての歪みを取り戻すことから始めるのも一法である。ドゥルーズは、先の『差異と反復』の序文のなかで、「ひとは哲学の書物をかくも長いあいだ書いてきたが、しかし、哲学の書物を昔からのやり方で書くことは、ほとんど不可能になろうとしている時代が間近に迫っている」と書いている。そして、彼は、「哲学史は、絵画におけるコラージュの役割にかなり似た役割を演じるべきだと、わたしたちには思われる」、「実在する過去の哲学の書物を、まるで見せかけだけの想像上の書物であるかのようにまんまと語ってしまうことが必要になるだろう」と言う。この方法は、少なくとも、批判／批評の方法ではなく、むしろ、戦略的な「捏造」に一脈通じるものだろう。

つかのまのメモラビリア

追憶のインターネット

歴史はいつも「新しい」ことに大分遅れて驚く。いま「あたりまえ」になっているコンピュータやその姉妹環境が二〇〇〇年をむかえても、まだ「革命」（ＩＴ革命）とみなされたりしたが、すでにその時点においても、「革命」とみなされた事象がすでにその数十年もまえに登場していたことは忘れられていた。

コンピュータではあたりまえになってしまったＧＵＩ（グラフィカル・ユーザー・インターフェイス）つまり、アイコンをマウスでクリックしてコンピュータを操作する環境は、一九八四年のマッキントッシュの発売とともにひろまった。

映画でおなじみのコンピュータグラフィクス（CG）や、ユーザーが疑似的な空間にはいっていって、冒険やレースをするゲームでつかわれるヴァーチャル・リアリティの技術も、一九八〇年代に一般化しはじめた。

いまほど小さくはなかったが、「自動車電話」は、ポケベルとともにケータイの前身である。ケータイは、いまや、それ自体が多機能のコンピュータとして、他のあらゆるメディアを統合しているが、このケータイ「革命」も、遅くとも一九九〇年代のはじめに方向がさだまった。

インターネットも、ブラウザこそなかったが、一九八〇年代末のアメリカでは、理系の人間でなくてもメールを使うひとがふえはじめた。「メールアドレスは？」（**Do you have your mail address?**）という言い方がどこか特権的な意味あいをこめて使われるのを聞いたのは、一九九〇年代のはじめのころだったと思う。

こうしてみると、二〇〇〇年が「ＩＴ革命」の時代と呼ばれたのは、時代認識としておかしかったのである。

もし、ＩＴ革命というのなら、八〇年代に十分展開されずに放置されたＩＴ技術のラディカルな側面を、あらためて発展させるというようなことがおこらなければならなかった。しかし、そのようなことが、「ＩＴ革命」のスローガンのなかでめざされている気配はまったくなかったのである。

しかし、視点をかえてみれば、「IT革命」のなかに「革命的」なことがないわけではなかった。これまでパソコンにまったく触れたことのないひとが、それを使い、仕事をしはじめる――これは、個人的レベルでは「革命」である。その意味では、「IT革命」とは、テクノロジーに親しみにくい層にたいして寛容な目をもった変革のスローガンだったといえないこともない。

しかし、初心者になにかを教える場合、ラジオ体操のような一律の型を教えるのでは、革命どころか反革命である。IT革命という以上、情報テクノロジーがその内部に潜在させている、現状を変える爆発的な力を発揮する方向でそれを使うのでなければ、革命とはいえないからである。

いま、メールはたいていのひとが使うようになった。コンピュータを敬遠していたひとまでが、「メールぐらいやらないと」といって、しぶしぶキーボードをたたきはじめてから久しい。あのひとが、と思うようなひとまでが、メールをつかいはじめ、変化が急に激しくなったのは、一九九九年だった。そして、メールは、その後、ケータイメールにいたって、ほぼ「依存症」状態にまで普及する。

固定電話やラジオのような古い電子メディアには、自分と相手とのあいだに遠い距離が介在するという先入観がある。だから、かつては、電話でしゃべるのと、面と向かってしゃべるのとでは全然ちがった態度になるのだった。ラジオのマイクの前に立つと緊張するというのも、距離の介在と関係がある。が、ケータイが普及すると、同じ部屋のなかでケータイでしゃべるというようなことが異常ではなくなった。

いまの電子メディアは、距離をゼロにすることをめざすメディアである。物理的な距離がありながら、それがあたかもないかのようにするメディアである。これが、デジタルメディアの本質である。ただし、これは、自分の足を使って現場に行く代わりに、すべてのことをメディアの仲介ですませてしまう便宜主義につきるわけではない。このメディアは、文字通り、主体同士の距離をかぎりなくゼロに近づけ、いわば他人同士を「性交」（インターコース）状態にまで接近させる機能を隠している。

ケータイが普及し、装置がどんどん極小化されたことによって、他人（のケータイ）が自分の身体のなかに入り込んでしまうような状態はいつでもつくりだすことが出来るようになった。それは、ある意味で親密さを促進する装置であるが、それが猛烈に普及するにつれて、その「ストーカー」的機能を警戒するひとが増えてもきた。いまでは、ケータイのユーザーは、ケータイを使いながら、他人とのあいだにいかにある種の「壁」をもうけるかに苦慮するまでになっている。

しかし、九〇年代ぐらいまでは、わたしは、大学でメディア論を教えたり、その実験を披露しながら、学生たちが新しいメディアのラディカルな機能を活かさないのにいらだっていた。だから、毎年四月になると、ゼミの学生にパソコンでメールを「あたりまえでなく」使う方法を教えることにしていた。九〇年代末になると、大学生は、自宅にパソコンがあり、一応のメール経験はあったが、なかにはまだどうやってメールを出すかわからない者もいた。そこで、コンピュータがずらりとならんだ――ただし、本来は語学教育のために作られた――教室に学生を集め、まずメールの出し方をガイドする。全員がマスターできたら、つぎに、「では、となりにいるひとにメールを出してください」という注文を出すのである。いちおう、わたしがいた大学では、他校に先駆けて、入学時に全員にメールアドレスを配布していた。が、この時点では、大半の学生はそれを使わず、学内の仲間とメールを出しあうのはごく一部の学生だけだった。まして、四月の開校時には、コンパのようなフェイス・トゥ・フェイスのコミュニケーションが交流の主流であり、それを避けるならば、相手と知り合う方法はほとんどないという状態だった。

すぐとなりの相手にメールを出せと言われてあっけにとられた顔をしたのは当然なのだ。声をかければ済む距離にいる相手にメールを出すなどということは思ってもみなかったのだ。メールアドレスは、声をかけて直接訊く。そのときには、シャイの壁を越えざるをえない。わたしは、さらに、となりに出したら、こんどは、むこうどなりに出してもらうようにし、関係を重層化する。

一見他愛のないことのようにみえるこのメール遊びが、初対面同士のかたさを急速にゆるめる。と同時に、メールというものを肉声とおなじような気軽さで使ってもよいのだ、そのほうがおもしろいという確信をもたせた。そういう時代もあったのだ。

世紀末

いま考えると、世紀末を経験したのは、面白いことだった。実際の世紀末をむかえる以前は、世紀末というと、わたしには、なぜかシャルル・ボードレールの顔が浮かんだ。緑色のアブサンを飲み、淫売窟を渡り歩く不健康な男の姿と、政治経済の混乱がないまぜになったイメージである。が、わたしの経験した二〇世紀の世紀末は、拍子抜けするものだった。そのとき思ったのは、はたしてわれわれは、「世紀」というような時間単位と概念のなかで生きているのだろうかという疑問だった。

世紀という単位は、むろん、キリスト教と関係がある。が、それ以前に、そもそも、始まりと終わりの感覚や観念が、日本とヨーロッパとではことなるのである。

日本の商店では、しばしば、閉店時間が近づいた合図に「蛍の光」をかける。学校の卒業式でも「蛍の光」は終わりを印象づける音楽だ。ところが、ヨーロッパやアメリカでは、この「蛍の光」の原曲であるロバート・バーンズの「オールド・ラング・サイン」は、なにかが始まるときに演奏される。世紀の変わり目にも、日本流なら世紀の終わりに演奏されるところを、カウントダウンが終わり、新しい世紀が始まった瞬間にこのメロディーが鳴りだすのである。

その意味では、欧米では——と比較上単純化して対置すると——始まりは、過去を思い出すかぎりで意味があるのであって、始まりを祝うということは、その過去を回顧し、清算するわけである。

これに対し日本では、終わりが回顧と清算のときであり、始まりは、まだ何も書かれていない白紙の状態を意味する。しかし、時間の終わりは刻一刻と迫ってくるから、その限られた時間のなかで回顧や清算をやろうとしても、最後には時間切れになるのがあたりまえである。そのため、日本でおこなわれる回顧や清算はいつもやっつけ仕事にならざるをえない。

ただ、二一世紀になって少し変わってきたと思ったのは、一般の意識として、二〇世紀末よりも来たるべき二一世紀のほうに目がむけられていた点である。放送局や新聞社は、二〇世紀を回顧・清算する番組や年表をつくりはしたが、もっと多くの時間やページを二一世紀に関する展望や思い入れについやした。

しかし、その「未来世紀」は、さだかのものではなく、また、明るく見えるわけでもないので、「はたして日本の産業はこれで二一世紀をむかえられるのか」といった不安や懸念にいろどられていた。

こうなると、過去に関しても、未来に対してもいいかげんになってしまうわけで、二一世紀になったのだから、もう二〇世紀のことはどうでもいいというようなことになる。事実、日本は、その後、二一世紀という「台風」の目のなかにすっぽりはいってしまい、どちらに動くこともできないかのような状態に陥った。

辞書を引いてみて、気づいたのだが、日本語でよく使われる「世紀末」という言葉は、西欧語の辞書には一つづきの単語としてはないのである。つまり、「世紀末」というのは、西欧で、二〇世紀になって、一九世紀のことが真剣に回顧・清算され、その結果として出来上がった一九世紀末の時代イメージがやがて日本に伝えられ、ひとつのパターンとして（つまり名詞「世紀末」として）定着したものなのである。

なんでも名詞化するというのも、日本のひとつの文化ではある。「自然渋滞」とか「金属疲労」とかいわれると、その原因もうやむやになる。名詞化は、ものごとをイメージさせてくれる便利さはあるが、多くの場合、責任の回避と管理への依存度を高めることになる。その意味で、名詞化されたものとつきあうには、その発生期の状態をとりもどすこと、つまりは再動詞化の努力をわすれないことが必要なのだろう。

グローバリズムとは、ある意味で、ミレニアム的な時間の観念が、先述したような始まりや終わりの観念の相違を無視して、地球の全域に（グローバルに）ひろまることである。そして、その傾向を後押しするのが、電子メディアであり、両者は手に手をとって進む。

しかしながら、面白いのは、インターネットがそうであるように、電子メディアは、かならずしも世界を均一にはしないということである。インターネットは、一方で「世界同時性」を可能にしたが、同時に、ある街の一画、いやあるひとの家の片隅を世界中のひとに共有させることをも可能にした。これは、世界の均質化ではなくて、世界の特殊化である。

他方、グローバリズムで国境が無意味になってきたのは、メディアのせいばかりでなく、国境を越えて移動し、働く労働者の国際移動の激化のためでもある。

ＩＴは、日本では、学校を含む産業全般の活性化のための道具として考えられていたが、ＩＴの必要性のなかには、国境・言語・文化の境界にまたがって動き、生きるこうしたグローバル化した労働者たちにコミュニケーションの場をあたえるということもふくまれていた。

一九二〇年代のアメリカで飛躍的に発達したグラビア雑誌には、続々とやってきた、言語や文化の異なる移民たちに言語や文化を越えて交流する機会をあたえた面もある。そして一九七〇年代以後に加速したテレビの多チャンネル化は、異なる言語・文化を活性化した。むろん、「エスニック・カルチャー」という名のもとで、産業は、そうした異文化の上澄みをちゃっかりと商品化することをわすれなかったが、メディアが社会や文化を均質化するだけではないということを考えるうえで重要である。

パームコンピュータ

コンピュータをどこでも使いたいというのは、コンピュータを触り始めたときからのわたしの夢だった。だから、小さいコンピュータは手当り次第手に入れて使ってみた。その結果は、失望の連続だったのだが、あれこれ工夫しながら、そのおもちゃのようなマシーンでなんとかデスクトップなみのことができないものかと四苦八苦した。

「パームコンピュータ」というのがあった。これは、アメリカのパーム・コンピューティング社のOSを使った手の平サイズのコンピュータのことである。当初は、元祖が発売するマシーンPalmしかなかったが、OSのソースコードを公開したため、世界中のプログラマーたちがこのマシーン上で動くソフトの開発にのりだした。日本でも、もともと英語しか読み書きできなかったこのマシーンで日本語を使える「日本語化パッチ」をプログラムするユーザーも登場した。

その後、IBM社がWORKPADという商品名で日本語のパームOSがのったマシーンを発売し、ユーザーがふえた。それ以前は、どちらかというとマニアのマシーンだった。そして二〇〇〇年になって、ソニーもこの分野にのりだし、日本のコンピュータショップにも、TRG社のTRGpro、ハンドスプリング社のVISORなどの製品がならぶようになる。

わたしが使いはじめたのは二〇〇〇年の三月からで、それなしではすまなくなった。基本はスケージューラとメモ機能だが、ワープロやメールの機能もあるので、重さが一〇倍以上もあるノートパソコンがばかばかしくなった。それ以前から予定表、住所録、メモなどを処理する小型のコンピュータはいろいろ使ってきたが、そのどれにも満足できなかった。それ自体としてはよく出来ていても、ソフトを入れかえたり、他のコンピュータやネットワークとつなぐことができず、機能が非常に閉鎖的だったからである。

パーム（以下、Palm OSをのせたマシーンの総称）の新しさは、その「ネットワーク性」とでもいうべき横断的な柔軟さだった。まず、パームは、ポケットやバッグにいれて持ち歩きながら使ったあと、家ではパソコンに接続された台（クレードル）に乗せておく。そうすると、自動的に充電されると同時に、ボタン一発でパームに書き込んだデータをパソコンに送りこむことができる。パソコン上には、パームと同じ内容を表示するブラウザがあり、そこに書き込んだメモやデータも、パームのボタンを押したときにパームのなかにセイブされる当時の新しい「パーム」にはPHSの機能がついていて、路上からインターネットにアクセスしたり、じぶんのコンピュータと交信できるものもある。標準的な機種でも、赤外線の通信機能は常備されており、これをつかってパーム同士でデータをやりとりしたり、はてはこれをテレビのリモコンの代わりにすることもできる……といったことが実に新鮮だった。

こんなことはいまではケータイの最下位機種でももっと簡単に可能だが、この世界の一〇年はとんでもないのだ。わたしが強調したいのは、パームの便利さの思い出ではない。それよりも、このマシーンが当時の環境のなかで突出させた設計思想の新しさである。

いまでは、デジカメもレコーダーもプレイヤーも、メモ録も、みなコンピュータへの接続を前提にしている。しかし、そういうマシーン自身がその内部で「ネットワーク性」をもっているかというと、効率化の機能が進んだ程度には見合っていないものが多い。

ひとと機械を結びつければ、一応のネットワークはできる。その意味ではネットワークでないものはない。ネットワークという言葉は、ニューメディアやインターネットとともに流行りはじめたが、ラジオやテレビはむかしからネットワークといっていた。「放送網」というのは、その訳語である。だが、インターネット以後の「ネットワーク」は、なにかが一重にからみあっているのではなくて、小さな単位の内部から大きな単位の内部と外部までがさまざまに、しかも重層的にからみあっている、まさに有機細胞のように一が全であり、全体が部分であるような関係である。こういう関係を無機物の世界で達成することができれば、有機物と無機物との境界線はなくなってしまうが、ネットワークという概念は、そういうチャレンジ（したがって、遺伝子操作におけるような危険も）をふくんでもいる。

ボーダーレスという言葉がネットワークの時代から使われるようになったのも、このことと無関係ではない。コンピュータは、九〇年代の後半以後、会社単位の自閉的なマシーンやソフトから、ボーダーレス指向になっていった。それまでは、どうしようもなく閉鎖的で、ひとつのアプリケーションで作ったデータを他のアプリケーションにうつすこともままならない状態だった。

パームは、標準でバンドルされている予定、住所、メモ、会計ノートなどのブラウザで読み書きしたデータを相互にコピーしたり、検索したりすることが簡単にできることをさきがけた。また、英語用に作られたOSや実用ソフトを他の言語でも使えるものにすることを簡単にした。さまざまな他のOSをもったコンピュータとのあいだにも壁がない。基本的に最初からボーダーレスな方向を向いていた。ソースコードがオープンだから、日をますごとにソフトの数が多くなり、フリーソフトでたいていのことはすんでしまう。

こういうことが可能になったのは、パーム社の功績ではなくて、一九八〇年代ごろから静かに進行しはじめた「オープン・ソース・ムーブメント」のおかげである。この「運動」は、リナックス（Linux）の原形をプログラムしたリーヌス・トーヴァルズに帰されることが多いが、この運動は、決してひとりの「英雄」によって進められたのではなくて、もっと長い歴史と奥行きあるドラマの産物であるだけでなく、ソフトを開発してひとに使わせようという気持ちのある者なら、誰でもが参加できるというボーダーレス性にささえられて発展してきた。

この運動をささえる第一のものが、金銭的な利潤への関心ではなかったということも注目すべきだろう。リーヌス・トーヴァルズが、この運動の象徴的な存在とみなされることが多いのは、彼がリナックスの普及から直接的な利益を要求しなかったということもある。

彼は、会社を作り、マイクロソフトのビル・ゲイツのようになることができたかもしれないが、しなかったし、また、そういうやりかたでは、リナックスはいまほど普及することも発展することもなかった——このへんの屈折がおもしろい。

パソコンのセットアップなどで困ったときに、インターネットで検索し、たいていの場合、解決策をえることができる。自分が直面した問題をデータ化し、公開しているひとがいるのだ。だから、わたしも、技術的な難問に直面し、解決したときは、その記録を自分のウェブページに残すようにしている。

こういうことをする発想は、利潤とは無関係であり、また「慈善」でもない。あえて関係づけるなら、「おせっかい」や「見栄」——ただし、それは、自分が生きているということを提示しているにすぎない最低限の「見栄」——の分野かもしれない。とにかく、いままでとはちがう価値観が世界を動かしはじめたのは否定できない変化なのである。

英略語

略語はむかしからあるが、英文字の略語や短縮語がはやるのは、コンピューターが日常に侵入してきてからであり、その傾向がはげしくなった。コンピュータ用語は、もともと専門用語、ある種のブラックボックスだから仕方がないが、英語を常用語にしていない者には、文字面をじっとながめていても、さっぱり意味が想像できないものが多い。

これは、カタカナ語の場合も同じである。そもそも「コンピュータ」という言葉でも、これをいくら凝視しても、そこからじわぁ〜っと意味が浮かびあがってくるなどということはない。そのうえ、「パーソナル・コンピュータ」が「パソコン」になってしまうような飛躍した短縮化がひんぱんに起こるという言語習慣があるからなおさらだ。その点、中国語でコンピュータをあらわす「電脳」は、文字自体が表意的であり、文字を一見しただけでとりあえずの基礎的意味は押さえられる。

日本語も、以前は同じようなやり方で新語を作った。「蓄音機」、「電話」、「活動写真」などは、初対面で意志疎通ができる言葉の「民主主義」のような前提を維持していた。が、いまはちがう。「ケータイ」では、ケータイ↓携帯↓携帯電話の時代的回路を駆けめぐらなければ、それが何を意味しているのかわからない。言語自体が略語化しつつあるのである。

ハーバート・マルクーゼは、六〇年代によく読まれた『一次元的人間』（生松敬三ほか訳、河出書房新社、一九七四年）のなかで、NATO、SEATO、UNといった戦後に続々つくられた短縮表現に関して、「短縮は望ましくない疑問を抑えつけるのに役立つことがある」と書いていた。ＵＳＢが、Universal Serial Bus の略語だと言われても、理解が進むわけではないから、これは、かえってその意味を韜晦したり、ごまかしたりするためのブラックボックスとして使われるおそれもある。ＵＳＢって何？　いいから、いいから、黙って使いなよ、というわけだ。

しかし、わたしはここで、言葉の「民主化」を主張するつもりはない。「民主主義」が崩れるのにも事情があるだろう。民主主義の理念は有効だとしても、それまで有効だったその形式がなぜ無効になったかを考えずに、もとの形式だけにしがみついても、解決は生まれない。なぜ、いまの日本語に英字の略語が多いのかを考えてみる必要がある。

日本語の場合、現代中国語の「電脳」に匹敵するような含蓄ある訳語が精力的に生み出されたのは、明治から大正にかけての時期だけであって、その後は、なしくずしにカタカナ語が使われるようになった。むろん、その間にも、たとえば「留守番電話」のようなすぐれた表意的表現が生まれることもあったわけだが、そういうことに精力を費やすことはしなくなった。

映画のタイトルがよい例で、封切られるアメリカ映画の多くは、『ダラス・バイヤーズクラブ』とか『オール・イズ・ロスト』とか『ローン・サバイバー』とか、原題をそのまま(ないしは不完全に)カタカナにしたものが多い。日本でいくら英語熱が高いといっても、英語でなんでも済んでしまうほど誰もが英語に堪能になったわけではあるまい。とすれば、こういう言語使用は、それを見て、わかるひとにはわかるが、わからないひとにはわからない、わからなくてもいいという姿勢にもとづいているのである。

ところで、言語の意味は、文字につきない。文字表記に神経をそそいだ時代は、活字メディアの時代だった。活字が主要なメディアであるときには、活字を読むだけで意味の理解がまっとうされるような条件の充実につとめるものだ。しかし、いまは活字がメディアのすべてではない。広告をとってみても、同じイラストや文章を新聞・雑誌・テレビ・車内広告で重複して読む・見るということが多い。『イングロリアス・バスターズ』という映画のタイトルが、何の意味か全くわからなくても、電車に乗れば、その吊り広告にブラッド・ピットの顔といっしょにこのタイトルが踊っているのを目のあたりにすれば、ああそうかと納得してしまう。だから、いま、映画が一見なげやりと思えるほどのタイトル付けをやるのは、文字メディアだけでなく、ほかのメディアでいずれ補完できるという自信と計画があるからだといえないこともない。

そうすると、日本語の文字表記は、メディアの多様化とともに、さらにいっそう略語化されるのだろうか？　その可能性は大である。もともと日本語は、文字指向が強いようでいて、音声指向のほうが強い。文字面や語の響きに気を使うが、文字の概念・理念には比較的無頓着である。とくに音声的な基本構造にひっぱられて、表記は軽視される傾向がある。

「メジャー」という言葉は、いまやほとんど日本語化したが、これは、七〇年代後半に、まだ新聞でひんぱんに使われるようになる以前は、英語の発音通りに「メイジャー」(major)と言われ、書かれていた。それが次第に「メジャー」に短縮されてしまった。これだと、英語では「物差し」や「測定する」を意味するmeasureを想起させ、わからないじゃないかと言うのは、英語にうるさいひとのせりふで、言語はそういうレベルをこえて、もっと体にしみ込んでいるような言語の基本習慣にひっぱられながら変化する。フラットな発音が好まれる日本語の言語習慣のなかでは、「メイ」に強いアクセントを置くのは特殊なので、次第に、平坦なアクセントの「メジャー」に変化したのだろう。

これは、まだ瑣末な変化だが、日本語には、「あれ」ですべてを済ませてしまうような過激な言語習慣があり、これが、文字以外のメディアの「充実」とともに急速に浮上する可能性もある。「だから、アレをもうちょっとやってもらわないと……」、「安倍なんて、やっぱりアレなんじゃないですか」というような言い方が、フェイス・トゥ・フェイスの会話のなかで可能なのは、あらかじめ「アレ」が暗黙に了解されているからである。そしてその了解は、テレビや生の会話などの多様な回路を通じて得られたものであって、文字だけで学習されたものではない。が、そうなると、この行く着く先には、文字の死滅がほの見える。文字のない時代は、文字の時代より長かったのだから、文字の死滅がはじまるとしても、驚きではない。

電磁波汚染

ケータイの普及と流行には、実に日本の社会・文化的特徴がよく出ている。そもそも、外圧に押されて政府がいやいや認可したところから始まったところが日本的である。「自動車電話」という名の移動電話はあったが、手の平に入ってしまういまのサイズのケータイは、モトローラなどの技術を輸出したがったアメリカの外圧なしには普及しなかった。が、一旦始まると、世界のいかなる国でも見られないような猛烈な販売キャンペーンが開始され、またたくまに若者から老年までがケータイを持つようになってしまった。そんなに売りたかったのなら、何でももっと早く政府を動かさなかったの、という疑問は素朴すぎる。「規制は緩和しなければならない」と政府と企業の両方が言いながら、一向に進まないのが日本流だからである。

ケータイは、日本では、個人意識の拡大に役立った。ある種の「個人主義」を伸張させたと言ってもいい。かつてわたしは、新しいパーソナルな電子メディアによって拡大される「個人主義」を「電子個人主義」と呼んだが、当時直接の事例にしたのはウォークマンだった。群れたがる若者が、ひとたびウォークマンをつけると、集団の論理などくそくらえの「個人主義者」に成り変わるのに着目し、電子メディアのそういう機能をうまく使えば、いつも「世間体」ばかり気にし、個人では何もできない（従って、個性ある集団性も生み出しえない）「みんな主義」を脱出できるのではないかと思ったのである。

二〇〇〇年の時点でこんな光景が展開していた。電車に乗ると、ケータイをにぎりしめてメールを読んでいるひとに出会う。いきなり場違いなメロディが鳴り、バッグからケータイを取り出すひと。しきりに指を動かしているひとは、片手にアドレス帳を持ち、住所のインプットに余念がない。若い乗客で手にケータイを持たない者はほとんどいない。だから、このころ、海外の新聞のインタヴューを受け、「いま日本でいちばん目立つ現象は？」ときかれたとき、まよわず「モバイル・フォーン」と答えたのだった。

短期間でのこの普及度はいかにも――「みんな」の価値が優先される――日本らしいが、みんなが同じようなことをやりながら、次第にそこから独自の個性が飛び出してくることもあるだろうと思い、この「電子個人主義」の行方を見まもってきた。

日本の電車のなかでは、この時点でも、ケータイの使用は「本来」ひかえるべきだということになっていた。が、それにもかかわらず、それへの異議が高まるでもなく、また逆にまったくケータイのない光景が展開するわけでもなく、多くのひとが「テキトーに」使うという状態のままいまにいたっている。このタテマエとホンネとの分裂も日本的である。

車内では、ケータイが心臓のペースメーカーに悪影響をあたえる可能性があるので、使用をひかえてほしいというアナウンスが流れたこともあった。しかし、ケータイを持ったいていの乗客は、電車のなかでケータイの電源を切りはしなかった。せいぜい大声で電話をかけるのをひかえたぐらいが目立つ変化だった。もともとの車内アナウンスは、わたしの記憶では、電話をかける声がまわりの乗客に迷惑をかけるからやめましょうといった主旨だった。その流れにペースメーカー云々が加わることによって、アナウンスに重みが出て、大声で電話するひとが少なくなったのだから、それでいいというのは便宜主義的な発想だ。それだと、ケータイの電波がペースメーカーに悪影響をあたえるというのは、ただの口実、脅しにすぎないということになってしまうからである。

ケータイからは、かなり強力な電波が出る。電子オーブンの電波に近い波長の高調波も出る。そして、これが重要なのだが、ケータイは、おとなしくメールや留守番電話のメッセージを聴いているときも同じ出力で電波を発射している。つまり、もし、ペースメーカーへの影響を本当に懸念するのなら、車内でケータイを使うことを一切禁止しなければならないのである。

電波が人体にあたえる影響については、すでに七〇年代から議論が続いている。ケータイの電波で脳腫瘍になったとする訴訟が起こされたこともあるが、明確な結論は出ていない。もっと強力な電波ならば、ガンや腫瘍を誘発することがわかっている。わたし自身、マイクロラジオの活動でしばしば小出力の（ケータイよりは弱い）送信機を使ってきたが、長い時間その電波を浴びていると、翌日はぐったりしてしまうほど疲れる。また、WiFiやBlueToothなどのワイヤレスのコンピュータ周辺機器から出る電波を長く浴びていると手の平や体が何となく暖かくなってくる。これは、明らかにミニ「電子オーブン効果」である。

火を燃やして、手をかざしたからといって、やけどをするわけではない。逆に体によい影響をあたえる場合もある。電波の場合も、その種類と強さと照射の仕方次第だろう。コードレス電話あたりを皮切りに、なんでもワイヤレスにするのが流行っている。ワイヤレスにすれば、機器と機器とのあいだが電波でつながれ、そのぶん、室内にはより多くの電波が飛びかうことになる。「電磁波スモッグ」の層は厚くなるばかりである。それが、人体細胞に無影響とはかんがえがたい。

こんなところからも電波が出ているのかということに気づく実験を一つ紹介しよう。FM放送の聴こえるポータブルラジオをあなたのパソコンのキーボードのうえにもってきて、ダイヤルを動かし、ボリュームを上げる。ザーとかキーンとかいう猛烈な音が聴こえるだろう。パソコンも立派な電波発射源である。

日本文化の「ひきこもり」

かつてコンピュータや電子機器は、われわれの生活を画一化し、世界中同じライフスタイルにはめ込むおそれがあるとして、危険視されたことがあった。事実は、一面ではそういう可能性を依然もってはいるとしても、むしろ、生活や文化の多様化や個性化を促進している。

が、このことは、エレクトロニックスに頼っていれば、個人の自由や組織の柔軟化がひとりでに促進されるということではない。場合によってはそういうこともあるかもしれないが、エレクトロニックスが促進する多様化は、むしろ、逆説の産物なのだ。エレクトロニックスつまり電子テクノロジーには、基本的にかぎりなく侵入し、すべてをまきこむという特性がある。電流や電波は家のなかから地球全土にひろがり、同時に、それは、家のなかからあなたの体内にまではいりこむ。

こうした特性にさからうように、生体はまきこまれるのをのがれ、とりあえず「ひきこもる」。が、侵入は容赦しない。となれば、侵入してくる武器を奪いとって対抗せざるをえない。インターネットがある点で多様な要素にあふれているとしても、それは、インターネットの技術が自動的に生み出したものではなくて、それを使う人間が、機械技術のあくなき侵入に対して、身体――脳と神経組織に関連づけられた諸器官の全体――をかけて反抗するなかで生みだしたものだ。身体が無気力になり、気を抜けば、テクノロジーはただちにそのまきこみの本性を発揮する。テクノロジーは、それを恐れ、拒否するのではなく、それに逆らって、多様化や解放の促進装置として使いなおすしかないのだ。

ベルリンの壁崩壊以後、世界中で英語の浸透が急速に進んだ。これは、必ずしも言語の画一化とはいえない。以前は誇り高く「排他的」だったフランス映画ですら、グローバルな配給をねらって、英語版をメインにするようなことも起こる。英語は、フランス語などとくらべると、かなり「いいかげん」な言語であり、さまざまな要素をとりこみ、多種類の「英語」をつくることができるところに強みがある。すでに、中国英語、スペイン英語、日本語英語……さまざまな「なまり」英語があるが、英語は、基本的に「ピジン語」や「クレオール語」のような混成言語の素質がある。

とはいえ、それまで他とはコミュニケーションがむずかしい独自の言語を話していた地域の人間にとって、英語のような「共通」言語が侵入してくるのは不安であり、脅威である。電波や回線が侵入してくるだけなら、それらに近づかなければよいのだが、英語の侵入は、同時に英語をしゃべる人間の侵入でもあるからである。

メディアの侵入が勢いをおびるのは、人間や物の侵入がともなうときである。それは、かつては武力侵入だったが、今日では経済「進出」――表現をソフトにしても「侵入」であることには変わりあるまい――である。侵入が激しくなれば、ひとは、「ひきこもる」ことによって、それを避けようとする。が、激しい侵入は、いずれ、「ひきこもり」などでは回避できないレベルに達する。こうなると、食うか食われるかである。

世紀の変わり目ごろから、日本で、「ひきこもり」が話題になりはじめたが、「ひきこもり」が社会的な話題になるということは、「ひきこもり」がそろそろ「ひきこもり」では済まなくなりはじめたということを意味する。というのも、わたしは、日本の社会は、基本的にこれまで「ひきこもり」でバランスをとってきた面があると思うからである。口にはしなくても、人々はなんらかの形の「ひきこもり」をやってきた。政治も経済も文化も、ある意味では「ひきこもり」を特徴としてきた。言うことをはっきり言わないで一息飲み込む政治、大っぴらにやるべきことをこっそりやることが「正常」な経済（日本経済の革新は規制をかいくぐる「スキマ経済」で進められた）、対決が「美徳」ではない文化。

日本の場合、物品の侵入という点では、諸外国の比ではなかった。また、言語——とりわけ英語——の侵入という点でも、アジア諸国のなかでは相当なものだ。英語が通じる香港やフィリピンでも、英語圏からの商品は、日本ほど氾濫してはいない。だが、日本ではそのくせ、英語文化（サブカルチャーも含めて）はそれほどでもない。わたしなど、学校で英語を習いはじめてからもう半世紀以上にもなるが、一向に英語が身につかない。それが、知り合いのアメリカ人などは、たった一年の滞在で流暢な日本語をしゃべる。一体、これはどうしたことなのか？

この問題は、しばしば教育の問題に帰せられる。が、英語教育の施設や環境は、日本の場合、非常に発達している。生徒や学生は最新の映像・音響システムを使って英語を学ぶことができる。テレビの語学講座だって、そのサービスぶりは大変なものだ。にもかかわらず、英語圏にたびたび旅行し、英米の最新のソングを聴きまくっている若者が、「外人」と昔なつかしのシャイな身ぶりでしゃべっている。うまくなったのは、定型表現だけなのだ。

これは、日本社会の根本にいわば「ひきこもり」文化があるからではないか？ わたしは、以前から主張しているのだが、日本語ほど核の硬い、つまり内にひきこもって、外に開かない言語はめずらしいのではないかと思う。たしかに、日本語には「外来語」が多い。が、これだけ外の言語の侵入を受けても、基本的骨格つまり「てにをは」や活用語尾――「……する」など――が変わらないのである。

言語の大きな変化は動詞の移入によって起こるが、日本語では、外来の動詞はすべて「ネットワークする」という言い方のように、相手を名詞化してしまう。それ自身が持っている動詞の力は剥奪されるのである。簡単に言えば、どんな外国語が入ってきても、骨格が壊れる恐れがない。「アイ」〈は〉「ゴー」〈する〉「スクール」〈へ〉は、立派な日本語だ。これは、すごい「ひきこもり」の言語ではないか？

どの社会にも、どの国には、どの民族にもこのような無意識に継承する「遺伝子」があり、それが「外敵」から身を守ることを許すわけであるが、あらゆる「遺伝子」への侵入が進行している二一世紀のいま、いつまでもそうした出来合いの「不変性」に安住して「ひきこもり」を決め込んではいられないだろう。が、「ひきこもり」がすでに文化であるとすれば、それを越えることなど不可能である。それに徹するしかないのだ。

メジャーとマイナー

すこしまえまで「メジャー」という言葉がよく使われた。大学でゲスト講座をもっていたとき、ゼミの学生にその講座の来週のゲストのことを話したら、「そのひと、メジャーですか?」ときかれた。意味がわからないわけではなかったが、念のため、「メジャー」ってどういう意味かとたずねた。すると、「有名」という意味だという答がかえってきたので、では、「メジャー」の反対語は、ときいたら、誰も答えられなかった。二〇〇一年ごろの話である。

わたしの記憶では、八〇~九〇年代には、「メジャー」は「マイナー」とセットになっていた。が、それから十年たらずのあいだに「マイナー」という言葉が死語になってしまった。当然、「マイナー指向」という能動的な活動があり、そこからはずれることを「メジャーになる」と軽蔑的に言われた時代があったということも忘れられた。

「マイナー」はいったい、どこに行ったのだろう? 「メジャー」と拮抗する力を剥奪されても、姿を変えてどこかに生き残っているのだろうか?

なぜ「マイナー」という観念や言葉自体が力を持てなくなったのだろうか? それは、

社会がもっと多元化すれば、変わってくるのだろうか？　が、本来、「マイナー」なものは、「メジャー」なものより先にあったはずなのだ。

「マイナー」は、「スモール・イズ・ビューティフル」のスローガンのなかでその批判的な政治性やラディカルさを抜き取られ、やがてメジャーなものの構成要素になった。当然、かつては一枚岩的であった「メジャー」も変化し、その内部のさまざまな「マイナー」な要素をはらんだものに変容した。「メジャー」もまた、かつて持っていた権力的な含蓄を捨てた。党、組合、会社、家、メディア、マッチョ的な個人等々、すべて一枚岩的なものが、解体・自己変容することを余儀なくされたのもこのプロセスのなかにおいてである。

現状肯定派のひとは、ここに「多元的な社会」への動きを見たわけだが、ここへきて、多元的になったように見えたのは、社会のうわべだけで、出来上がったシステムは、「マイナー」な個々人が、組織や国家に対して不満や異議をいだいていても、それをどこへ向けてよいのかわからぬまま、うやむやになってしまうようなシステムであることが徐々にわかってきた。

情報テクノロジーには、個々人を孤立させたかたちでリモートに「連合」させる機能がある。その結果、ひとびとは、あたかも個人的な「自由」をエンジョイしながら仕事をしているかのような意識におかれながら、その実、ばっちりとリモート・コントロールされているという巧みなシステムの住人となる。こういう傾向は、二〇世紀から二一世紀にかけて急速に進んだ。個々人は、個人として異議をとなえることはできるが、集団としては無力化させられた。その結果、追いつめられた個人は、見当違いな相手や組織に対して向こう見ずな攻撃をくわえるといったやりかたでしか、自分の不満や批判を表明できないという意識にとりつかれる。テロリズムの「普遍化」状況がこうして生まれる。

だが、情報テクノロジーは、いま現在使われているやり方だけが、唯一の、それ「固有」の使われ方ではない。個々人を統合するのが支配的機能だとしても、逆に、個々人を解放し、結びつける機能もあるのだ。メディアは、それ自体で変容するわけではない。まして、アメリカが先導し、それがグローバルに広まるのでもない。同じテクノロジーを使っていても、その使い方には社会と政治の係数が加味される。

9・11ののち、「国をあげて」テロリスト撲滅の戦争に邁進したアメリカでも、インターネットをさがすと、あちこちのネットラジオが、反戦やブッシュ政権批判の集会の報道や論評を流していた。それらは、全米で数百はある「マイナー」なラジオ局やケーブルテレビ局が流している放送をそのまま(あるいはその一部を)インターネットに流しているわけで、明らかに、日本のマスメディアからはまったく見えない別のメディアの動きや機能が存在することを示していた。

日本では、「マイナー」なメディアが、「メジャー」なメディアとは別のひろがりを見せることは少ない。それは、一つには、新しいものが、みな、外から「輸入」されたり、「黒船」のように外から闖入したりするという権力構造があるからだが、他方で、「マイナー」な側があっさり「メジャー」に寝返ってしまうというマイナーサブカルチャーの脆弱さからでもある。

日本では、コンピュータが一般に使えるようになった一九八〇年代後半、「メジャー」なものに反対する個人や組織体、つまりはマイナー指向のあいだでは、一体に、コンピュータを拒否したり警戒したりする雰囲気が強かった。「わたしは反体制だからそんなものは使わない」と公言してはばからない者もいた。ところが、そのうち、そんなことを言っていた人々や組織体が、かつての拒否宣言などなかったかのようにコンピュータを無批判なまでに使い、仕事をするようになった。同じ使うならば、どこかに「反体制」の距離を取るべきだったと思うが、使い方は「体制」側と全く区別がつかないのだった。

コンピュータの吝嗇《りんしょく》主義

コンピュータ機器ほど不経済なものはないというのがすこしまえまでのコンセンサスだ

った。ＯＳが更新され、それを追っていれば費用がかさむ。毎年新しい製品が市場に出回り、買い替えをしていればきりがない。だが、それは、ある時期から、非常にうわべだけの現象になってきた。

コンピュータの平均的な能力が上がり、その逆に価格はムーアの法則的に下落するから、メールや事務処理をするだけなら、コンピュータに金《カネ》をかける必要はなくなってきた。実用のためなら、中古のコンピュータで十分だし、ハイスペックのものを五分の一で買うこともできる。オークションで「ジャンク」として売られているノートパソコンを数千円で買い、自分でＯＳを入れてメインテナンスすれば、定価で一〇倍以上のパソコンと同じ機能を享受できる。

こういう逆説状況のはじまりは、一九九〇年代の後半からだった。パソコンが、廃品回収の対象になりはじめた時代である。わたしは、パソコンの機能が飛躍的に高まった二〇〇〇年ごろに、その五年まえには一〇〇〇万円ちかくしたプロフェッショナルなワークステーションのジャンク品をたったの三万円で買ったことがある。ちなみに、それは、ちょっとした手直しでちゃんと機能してくれたが、その能力は、いまでは安いノートパソコンで出来ることの半分以下しかなかった。とはいえ、そのワークステーションでなければできないこともあって、ずいぶん得をした気分を味わった。

欲望の増殖があたりまえであり、「倹約」などという概念はどこかに吹き飛んでしまうのがコンピュータの基本だった段階から、むしろ「倹約」や「吝嗇」がテクノロジーを活気づける段階への移行が起こっているのかとも思った。

パソコンと畳は新しいのがいいといった「世間」基準の時代は終わった。もはや、一方に新製品を使い捨てする「階級」があり、他方に中古でがまんする「階級」（昔はやった「まる金（㊎）」対「まるビ（ビ）」の対立）があるというのではない。ネットの中古市場が成り立つのは、安物買いの銭失いがいるからではなくて、それらを新しく使いなおす能動的なリサイクルの条件と、そういうことをしようとする人々が増えてきたからなのである。

そのきっかけは、リナックス（Linux）にあった。一九九〇年代に、マイクロソフトのWinodows OSがどんどん勢力を伸ばし始めていたころ、趣味か実験のレベルでリナックスOSが徐々にその革新的なポテンシャルを垣間見せはじめた。当時、リナックスOSはネット上で自由にむろん無料で配布されたのだが、そのひとつ――すでに続々とさまざまなバージョンが生まれていた――を、Windowsでは処理能力が遅すぎて使われなくなったパソコン――当時秋葉原のジャンク屋では数千円――にインストールしてみると、それが、立派に通用するパソコンに生まれ変わってしまうのだった。機種を選ばず、抜群に軽量の

ＯＳであるリナックス。ジャンクを本当の意味でリサイクルさせるのである。

リナックスとは、フィンランドのリーナス・トーヴァルズがその核（カーネル）をつくり、それを世界中のハッカー（ここでは、コンピュータ・プログラミングに精通した者の意味）が肉付けして出来上がったＯＳである。当初、実験好きのあいだで使われていたにすぎなかったが、たちまちのあいだに世界にひろまり、商用化も進み、大手のコンピュータメーカーも積極的に採用するようになる。やがて、ネットワークのサーバーの九〇％以上がリナックスＯＳを使うようになる。

リーナスは、リナックスで巨万の富を築くこともできたかもしれないが、それをしなかった。彼自身は、もし自分がそうしていたら、いまのリナックス時代は生まれなかっただろうとも言っているが、『リナックスの革命　ハッカー倫理とネット社会の精神』（ペッカ・ヒマネン著、安原・山形訳、河出書房新社、二〇〇一年）でも詳述されているように、ソフトのみならず経済に対するリーナスの考えが最初からちがっていた。リナックスの成功は、新しい経済の始まりを象徴するものであり、むしろその一環としてリナックスが生まれたと考えたほうがよい。

リーナスは、この本の序文のなかで、「あなたはなぜリナックスで金儲けをしようとしなかったのか」というよく問われる質問にこたえながら、人生には、「生き残り」、「社会生活」、「喜び」の三要素があると言っているが、「金《カネ》のために」あるいは「社会のために」仕事をするといっても、それが「喜び」でなければやりつづけることができないし、逆に、「食うために働く」といっても、「喜び」をいっさいともなわない生活などありえないし、「死ぬほど退屈だ」という表現があるように、「生き残り」の条件がどんなに満たされても、「喜び」がなければ、人は生きていくことができないと言う。

リーナスの新しさは、そういう誰でも知っていることを少しばかり徹底してみたことだろう。つまり、「喜び」を基礎にしてすべてをとらえなおしたのだ。プログラマーにとって、最も必要な満足感は、ソフトを完成させた満足感と、それを他人が使って喜んでくれたことを知る満足である。実際、リーナスは、自分がつくったリナックスのカーネルをインターネットで公開し、誰でもがそれをタダで入手できるようにしたが、もし、それを使って新しいバージョンや応用版をつくったときは、それらをフリーで公開することを条件づけた。といっても、それは、あくまでも「紳士協定」であるから、守られないこともありえるわけだが、それが、賛同を得て、世界中の才能あるハッカーたちがこぞってリナックス・カーネルの改良と発展に熱中したのである。

リナックスOSのなかには、**Red Hat Linux** のように、商業的にも成功したものがあるが、リーナスは、フリー・ソフトウェア運動の創始者とみなされるリチャード・ストールマンのようにフリーソフトの販売を禁じるようなことはしなかった。それが、喜びならどんどんやればいいというのが彼のスタイルだったから、商用のリナックスがどんどん生まれ、リナックスの運動をもりあげていった。その代わり、商用にした場合にも一方でそれをインターネットを通じて無料で取得できるような余地を残すことが慣習化するようにした。ユーザーは、ネット上の新バージョンを無料で試すことができる。実質部分はフリーで手に入るわけだから、商用化する会社としては、そのソフトに関連するさまざまなサービスを案出しなければならなくなる。それは、競争意識を高め、リナックスの前進を勢いづける。

ここで注目すべきは、これまで利潤の増加を目標に進んできた経済と産業が、利潤とは異なるものを共通目標にしはじめたことであり、個人的な満足や趣味のレベルと社会的な価値とが接点をもつことができるようになったことである。「仕事のため」、「社会のため」に個人の喜びを犠牲にするというのが当然とみなされた社会から、両者が密接にからみあった社会へ――まあ、そうハッピーにはいかないとしても、「リサイクル」、「ヴォランティア」、「フリー」といったこれまで副次的な意味しか持たなかったことが社会の核心にシフトするという方向が見えてきたことである。

ハクティヴィズム

いま「ハッキング」というと、もっぱら「クラッキング」つまりコンピュータ・ネットワークに侵入したり、機能不全におとしいれたりする「犯罪行為」の意味で理解されるが、以前はそうではなかった。コンピュータプログラムを自由に解析できることがハッキングであり、そのようにプログラミングにつよい者がハッカーとよばれた。

コンピュータプログラムは、いまでは立派な商品であり、現にビル・ゲイツはそれで巨万の富を築いたわけだが、当初、新しいプログラムに挑戦している者にとって、金銭は二の次だった。だから、ハッカーにとっては、プロテクトをかけてコピーができないようにすることによってプログラムを売りさばくなどということや、本来誰にも解放されるべきネットワークにパスワードを装備することなどは、絶対に許すことのできないことで、そういうプログラムやネットワークに出会ったら、その「鍵」を開き、誰でもが使えるものにしてしまおうという欲求をおさえることができなかった。ヒッピー・カルチャーとの縁が深いハッカーたちは、いわばヌーディストたちが隠し所を持たない社会を理想とするように、ネットワークやプログラムを全面的解放のスペースと考えていた。

ハッカーがいなかったら、ハッキング精神がなかったら、コンピュータ・テクノロジーは今日のような発展をしなかったはずだが、その発展を商業的発展としてだけ見ると、ハッカーが電話をただでかける方法を見つけたり、ソフトの「鍵」をはずしたりする行為は、発展に違反する行為であるかのようにみなされる。逆に、商売人ではないハッカーの眼からコンピュータ・テクノロジーを見れば、コンピュータのいまの普及がかならずしも満足のいく「発展」だとはいえないことがわかる。われわれは、現在、一九九〇年代には最上位機種とみなされたプロフェッショナルなワークステーションに匹敵する能力のパソコンを気軽に使っているわけだが、われわれがやっていることは、その技術の飛躍的な発展にくらべてどこまで新しく、創造的であるかは疑わしい。

わたし自身、VRMLだ、ストリーミングだと新しい技術を追いかけて色々な実験をやってきたが、苦労して三次元立体を作ったり、コンピュータの処理能力や回線速度が貧しいために、落ちるのを気にしながらネット放送をやっていたときのほうが、技術の制約の裏をかくためにさまざまな着想が浮かんできて、いまよりはるかに創造的な日々を送っていたような気がする。

ハッカーがクラッカーに低落するのも、状況の必然である。すべてが商品になれば、遊びや創造性のためのプログラミングやコンピュータ行為の余地も少なくなる。目標を立て、そこへむかって投げる〈まさに「プロジェクト」〉ことだけが、仕事のすべてになり、思いつきを楽しんだり、予想外のことが起こるかもしれない「バカ」な時間を費やすことはさけるべきことになる。

その結果、かつては創造的だったハッキング行為も、目標を持ったプロジェクトになってくる。プログラムやネットワークを閉ざす者に対する批判を含んでいたハッキングも、商業的さらには政治的な目標のために行なう組織的な行為・事業になっていく。現に、とめどもなく新種が生まれるコンピュータ・ウィルスのおかげで、それを駆除するソフトが売れる。ネットワークへの攻撃とその予備的恐怖は、攻撃を回避できると称するシステム〈ファイヤーウォール〉の専門管理会社の収益を急上昇させている。

しかし、ハッキングは、利潤経済や私的欲望の充足と相補関係にあるアングラ経済や犯罪や闇社会のような方向に矮小化される一方で、本来の現状を打破する側面をあらわにすることもある。「反社会的」とみなされる行為が、ときには時代を根底から変えることがあるのと同じように。

「ハクティヴィズム」という言葉は、ハッキングの「ハック」と、「アクティヴィズム」〈八〇年代になって、単なる「政治活動」の意味から文化や社会のレベルを含むトータルな現実に働きかける〈アクトする〉ことを意味するようになった〉との合成語であり、八〇年代のアクティヴィズムの展開を引き継ぎながら、それをコンピュータ・ネットワークの活動や文字通りのハッキングにつなげていこうとする意欲があらわれている。

ハクティヴィズムの側から見ると、インターネットもニュートラルではないし、誰にでも開かれているわけではない。公開されるべき情報が特権的な少数者に独占されるという傾向はますます強まっている。厖大な予算をかけて、ブロードバンドのネットワーク上に流される情報は、個々人の感性や心情を操作するプロパガンダ以外のなにものでもないとも言える。だとすれば、それらに対抗する活動があっても不思議ではない。ジュリアン・アサンジが始めた「ウィキリークス」は、権力機関のネットワークに侵入して秘密の外交情報等を一般に公開する活動をしてきたが、これを「ハクティヴィズム」の鑑にしてしまうのでは、逆もどりである。ウィキリークス的なものは、やがて体制内化され、組織や体制の潜在的な活力にもなっていることを考えればよい。重要なのは、アサンジが示した「市民的不服従」の姿勢であり、古くは、エティエンヌ・ド・ラ・ボエシーが「自発的隷従を排す」で言ったことである。

ラ・ボエシーによれば、「習慣は隷従することをわれわれに教える」。だが、「人間の本性は、まさに自主独立でいることである」。「自らの安楽を、自由を、身体を、生命を、他人にあずけ、自分では何も持たないような生き方をすること以上にみじめな状態があるだろうか？」「自然本来のものは、それがいかによいものであっても、保たれなければ失われてしまう」。そして彼は言う――「それから脱出しようと試みるのではなく、ただそうしようと望むだけでよい。もはや隷従するまいと決心したまえ。そうすればそれで諸君は自由なのだ。わたしは、諸君が彼〔支配者〕を押したり揺らせたりするようにすればよいと言いたいのではない。ただ彼をもはや支えないようにしたまえ」（荒木昭太郎訳、「自発的隷従を排す」、『世界文学大系74』、筑摩書房、一九六四年）。

習慣に寝そべらないテクノロジーの使い方は、ハクティヴィズムほどカッコいいものにはならないだろう。ラ・ボエシー的に「隷従」を脱するには、ある行動がカッコよく映るようになったら、それはすでに「習慣」に堕しているとみなすべきである。

ミシシッピー・バブル

ＩＴバブルがはじけたときがそうだったが、もともとマスメディアがたきつけてお祭りさわぎになった熱狂が何かのかげんで頓挫すると、「それ見たことか」という「批判」が、これまたマスメディアのなかで高まり、「そんなことはわかっていた」といったもったいぶった説教が飛び交ったあと、やがては、何もなかったかのようにすべてが終息するというパターンがある。バブリーなのはマスメディアのほうであって、これでは、九〇年代にはじけた「バブル経済」、二〇〇〇年代の「ＩＴバブル」も、それらの核心にあるものは、わからぬままになってしまうだろう。

「バブル」という言葉に関しては、日本で「バブル」「バブル」と言われながら、この言葉が「ミシシッピー・バブル」に由来することを、わたしは一九八〇年代の後半まで知らなかった。日本で「バブル」という言葉が流行しはじめたころ、ニューヨークで小説家のソル・ユーリックに会ったとき、バブル崩壊の日本の状況を話し、「バブルなんて日本語英語でしょう?」と言うと、彼はわたしの言葉をさえぎって、「ミシシッピー・バブルがあるよ」と言った。

ミシシッピー・バブルというのは、「一七二〇年バブル」とも呼ばれ、フランスが権益を持っていたアメリカのミシシッピー地域への過剰な土地投機によってフランスで引き起こされた熱狂と失墜のことである。ソルに言われて調べてみると、すでにワシントン・アーヴィング（一七八三～一八五九）が、一八三七年のアメリカ最初の恐慌の教訓を、「グレイト・ミシシッピー・バブル」にさかのぼって論じているし、エマーソン・ヒューの『ザ・ミシシッピー・バブル』（一九〇二）はベストセラーになったという。

資本主義経済とバブルはつねに切っても切れない関係にあり、むしろ、この体制のなかでの「繁栄」はバブルとしてしか不可能なのだということだ。

ところでバブル期というのは、他方で、新しい金儲けの技法の実験（それは、いつも高い代償によって実験結果がわかるのだが）期間でもある。ミシシッピー・バブルの立役者／悪役は、スコットランド出身の財政家ジョン・ロー（一六七一〜一七二九）であるが、彼は、土地を担保にした手形や紙幣を発行するという技法を発明し、フランスにわたってからは、「国債」の発行、独占的な民間会社への貸し付け、会社の株投機、その結果としての「国債」の過剰発行、株投機の過熱といった、今日誰でもが知っているフォーマットの発案者であった。ジョン・ローは、ミシシッピー・バブルの悪役であったが、歴史は、以後、彼が敷いた方式の整備に努めるのであり、彼の方式が改められたわけではない。

ドルショックもバブルのひとつであったが、これ以後、金《カネ》の電子化、貨幣の交換回路の電子化、そしてより統合的な国際金融環境が「整備」されるのであって、資本増殖のシステム自体が根底から変わったわけではない。

だから、ＩＴバブルでも、それを生んだ環境やシステムそのものがチャラになったわけではない。むしろ、ＩＴバブルで試してみた「上限」を顧慮しながら調整投機をするという方向がさかんになる。また、ＩＴバブルのなかで一般化した、投資家がインターネットに接続されたコンピュータによって投資をおこなうという方式は、株投機のレベルをこえてさまざまな分野で応用されるようになる。

現に、二〇〇〇年をすぎるころから、ebayやヤフオクのようなオークション・サイトのユーザーがふえ、インターネット上でセリをおこないながら物品の売買をすることがあらたな経済環境になりはじめた。ここではサイバースペースが新しい市場になり、購買者は売り手と直接セリをしながら物を購入する。現物には触ることができないが、中間業者がいないので、無駄のない売買が成立する。ただし、物によっては買いたい者が殺到するから、値段がバブリーにつり上がることもある。電子メディアを介しているということが過剰な期待や想像をかきたて、とてつもない価格を生み出すこともある。二束三文で仕入れた物を法外な値段で売るのは商売の基本にあるロジックだが、それが電子的なオークションでも引き継がれていると同時に、古典的なオークションや市場のセリ以上に投機的なものになることもある。これは、ITバブルと変わりがない。

その意味では、ITバブルは終わっても、ITバブルをささえてきたロジックは、むしろ根を張りつつあるのであり、この動向と一般的な関心とを「バブル」の名のもとに葬り去ってしまっては、ITバブルを経験した意味がない。物を売ることはもとより、買うことも、表現することも、しゃべることも、歩くこともすべてバブリーになるというのが「標準」になりはじめたのである。

新「不安」の時代

時代をおし流す動きというものは、特定の個人や集団だけが計画して出来上がるわけではない。世を騒がせることが好きな個人や集団はいくらでも存在するが、すでになにかの連結要因があったときはじめて、彼らは、それに引かれるようにして、あたかも計画的に連帯したかのような動きをとりはじめる。そして、一旦その動きができてしまうと、そうした個人や集団が、それぞれ勝手にやることが、「うまく」連動し、時代の大きな動きをつくってしまうのである。

9・11以後、「不安」は常態化し、「不安の時代」とあえて言うことが空疎に思われるほど、不安が現実の隅々に食い込むようになった。

「不安の時代」という表現は、一九二〇〜三〇年代にもあった。キルケゴールは「不安の哲学」、カフカは「不安の文学」の開祖とみなされた。ハイデッガーが『存在と時間』（一九二七年）で使った「不安」（アングスト）という概念は、単なる情緒的な不安だけを意味するわけではなかったが、この概念のために彼はたちまち時の人となった。

週刊誌やスポーツ紙はネタ切れすると不安を売りものにする。ヨーロッパやアメリカでは「テロ」が切り札だが、日本では「地震」はオールマイティである。「不安の時代」には、なにが起こっても不思議ではないという気分がまんえんするから、実際になにが起こってもそのまま受け入れられてしまう。これは怖いことだ。ワールド・トレイド・センターの崩壊のあとでは、新宿副都心のビルの一つや二つが崩壊しても、「やっぱり」ぐらいの感覚で受け止められかねない。われわれの感覚がマヒしてしまったからである。

が、この感覚マヒは、急にはじまったわけではない。ワールド・トレイド・センターの崩壊の過程をテレビで見たひとの多くが、「CGよりすごい」という表現を使って、その驚きを語った。それは、たしかである。だが、この言い方は、暗黙に、われわれがほとんど——特に予想外な——すべての出来事を映画やテレビの映像表現との関連で見ているということをあらわにしている。

あったこと、ありうることをこれでもか、これでもかと想像し、工夫して描くのが映画でありテレビである。だから、映像のなかに一度は表現されていないものはないとすら言える。そうした映像を日々延々と見せられているわれわれは、なにか予想外の出来事に接したとき、まず、そうした映像の記憶を参照するのは避けられない。実際に、ハリウッド映画は、二〇世紀の世界の観客に対して、セックスの仕方、殴り方、殺し方、食べ方、着方といった肉体的身ぶりの定型を教え、刷り込んできた。

こうした映像のなかを堂々めぐりするような知覚からずり落ちてしまうものはいくらでもある。9・11の直後、わたしは、ニューヨークの旧友と電話やメールで現場の話を聞くことが多かったが、その後実際に現場を歩いてみて、これはこちらにいたのでは絶対にわからないだろうと思ったのは、ダウンタウンを覆っている独特の臭いだった。焼けた建材や内装品そして被害者の身体、飛散した多量の埃、新たに発生した複雑な噴出物……の入り混じった臭気。それが、現場から遠くはなれた地域の建物のなかにも侵入してくる状況。これは、たしかに日本にいてはわからないことだった。

しかし、わたしが言いたいのは、電子メディアの限界を云々し、「やはり現場にいかなけりゃ、ダメだ」というようなことではない。問題は、ナマの現場にいてさえも、すでに自分の体内に刷り込まれている映像の目で現実を抽象化して知覚してしまうことである。現に、ニューヨークから日々現場中継される日本のテレビニュースのキャスターたちの口からは、そうした臭気のすごさ、不気味さは伝えられなかった。メディアの内部を堂々めぐりすることを専門にしている人たちにメディアの「外」を期待しても無理であるが、視聴者にもこの状態がすでにインプットされている。これは、メディアを意識操作の道具に使おうとする側にとっては、好都合な状況である。

リゾームからウェブへの休みなき管理

一九八〇年に初めて来日したとき、ガタリは、刊行したばかりの『千のプラトー』に触れながら、ドゥルーズとの仕事の仕方を話してくれた。独特の「用語」を最初に持ち出すのはいつもガタリのようだったが、毎回果てしのない対話を続け、まずドゥルーズがテキストを作り、それを交互に手直しし、最後にはどちらが書いたのかわからないくらいになるのだと言った。が、これは決して一体化の作業ではなく、むしろ、さもなければ自閉するテキストに多様な他者を引き込んでいく作業であり、そこでは多様な他者への窓が打ち開かれる度合いに応じて「ドゥルーズとガタリ」の個別性は消えていくことになる。この多様な他者のなかには、当然、われわれ読者も含まれており、それゆえ、彼らがもたらしたテキストは、読者が自ら「使用」すべき「道具」であり、「素材」なのだ。ガタリは、「横断性」（『精神分析と横断性』、杉村昌昭・毬藻充訳、法政大学出版局、一九九四年）のなかで次のように書いている。

横断性は、純粋な垂直性の次元と単なる水平性の次元という二つの袋小路を乗り越えようとするひとつの次元である。それは、さまざまな異なったレベルのあいだで、とりわけさまざまな異なった方向で最大限のコミュニケーションが実行されるときに、具体化していく。

ドゥルーズとガタリが自ら述べている著述の基本姿勢に寄りかかれば、別にドゥルーズとガタリの区別に拘泥する必要はない。『千のプラトー』の「序——リゾーム」のなかでもこう述べられていた。

われわれは『アンチ・エディプス』を二人で書いた。二人それぞれが数人であったから、それだけでもう多数になっていたわけだ。そこでいちばん手近なものからいちばん遠くにあるものまで、なんでも手あたりしだいに利用した。見分けがつかなくなるように巧みな擬名をばらまいた。なぜ自分たちの名をそのままにしておいたのか？習慣から、ただもう習慣からだ。今度はわれわれ二人の見分けがつかなくなるように。

（宇野邦一ほか訳、河出書房新社、一九九四年）

ドゥルーズ自身も、「個体化とは、かならずしも個人にかかわるものではない……。自分が個人であるのかどうか、私たちにはまったく確信がもてない」（「哲学について」、宮林寛訳『記号と事件』、河出書房新社、一九九二年）と言っている。わたしは、「ドゥルーズ＝ガタリ」という、日本では一般化しているこの簡略表記にはなぜか不快さを感じ、せめて「ドゥルーズとガタリ」と表記したいと思い、それを実行してきたが、これは、どこか背番号風の表記に抵抗を感じるからというだけでなく、「と」を強調したいからである。彼らが、「フェリックス・ガタリとわたしとが」とか「ジル・ドゥルーズとが」と言うとき、これらの「と」はリゾーム状に拡がった「と」であって、「＝」によって一体化された「と」ではない。

リゾームには始まりも終点もない、いつも中間、もののあいだ、存在のあいだ、間奏曲 *intermezzo* なのだ。樹木は血統であるが、リゾームは同盟であり、もっぱら同盟に属する。樹木は動詞『である《エートル》』を押しつけるが、リゾームは『と……と……と……』を生地としている。（前掲書）

だが、しかし、わたしは、ここで、あえてドゥルーズにこだわってみようと思う。それは、二人によって作られたテキストのなかから「ドゥルーズ」が生み出したであろう部分を腑分けするためではない。ある時期からそんな試みや「研究」がさかんになりはじめ、それはそれでおもしろいと思うが、少なくとも彼らが意図的に行なってきたこと、つまりテキストにとっての他者を多様に開き、それを戦略的に「道具」や「素材」と化すことには逆行することになる。わたしが試みたいのは、そうではなくて、逆に、二人のテキストのなかで、ガタリの——とわれわれが思う——やや声高な声音に消されがちな、ドゥルーズの——とわれわれが思いがちな——要素を顕在化するために、あえてドゥルーズに焦点を当てようと思うのだ。

ガタリのテキストを「メディア論」に分類するのは容易である。実際に、彼は、七〇年代のイタリアで展開したアウトノミア系の自由ラジオ局「アリチェ」や雑誌『ア／トラヴェルソ』との浅からぬ関わりのなかでその思考を展開していったのであり、その後のメディア運動に彼が与えた影響も大きかった。他方、ドゥルーズの方は、「メディア論」というよりも「哲学」である。ガタリは、「アクティヴィスト」と呼ばれることを拒否しはしなかったが、ドゥルーズは、自らを「哲学者」と規定する。そして彼が、「フェリックス・

ガタリと私は、まず『アンチ・オイディプス』で、そして『千のプラトー』でその哲学をこころみたわけです」（「哲学について」、『記号と事件』、前掲書）というとき、ドゥルーズが考える「その哲学」とは、「常に新たな概念を創造しつづけること」である。それゆえ、ドゥルーズは次のように言う。

私は、形而上学の超越とか哲学の死について頭を悩ましたことがありません。哲学には、概念を創造するという、完璧な現在性をそなえた機能があるからです。（同）

しかし、ドゥルーズがこう規定する「哲学」は、ドイツ観念論ののちにも生き延びてきた、あるいはマルクスがヘーゲルの哲学に突きつけた「哲学の終焉」を回避した哲学ではない。ドゥルーズは、そのような哲学が「笑い死に」したことを認めている。一九六九年に発表された『意味の論理学』のなかで、すでに彼は、「ニーチェが反時代的と呼び、現代性に帰属してはいるが、それに背くべき何かを現代性から引き出す事、これが哲学の仕事である」としたのち、従って、「哲学が構築されるのは、大きな森や小道においてではなく、最も人工的なものも含めて、都市や街路においてである」（「プラトンとシミュラークル」、岡田・宇波訳、法政大学出版局、一九八七年）と言っていた。

ここで彼が、「大きな森や小道」という表現で揶揄しているのは、明らかに、『森の小道』（Holzwege）の著者ハイデッガーである。ただし、ハイデッガーのために言っておけば——わたしは、彼が多くの時間を過ごしたフライブルクの街に行ってみて気づいたのだが——ハイデッガーの思考環境も、あのシュヴァルツヴァルトの森ではなくて、建物の間をぬっている細い中世の「循環」する路地、教会、水路、市電、ブティック、海賊放送局などが混在する都市環境であった。また、ハイデッガーが、森の山小屋に「近代の音響装置」を「隠し」持っていたことも知られている（柿原篤弥「ハイデガー先生をめぐる想い出」、『實存主義』、一九六六年四月号）。彼につきまとう「農民服」や「森の哲人」というイメージに翻弄されていては、ハイデッガーから大したものは引き出せない。

いずれにしても、哲学が都市的なものや人工的なものから切り離すことのできないとすれば、哲学の顔をした——その実哲学とは無縁の——思考がわがもの顔にふるまうような時代には、本来の哲学は、哲学とは一見似つかわしくないもののなかに亡命せざるをえないだろう。ハイパーメディアやウェブを語ることが、産業界やメディア・オタクを喜ばせる「シリコン芸者」の芸ではなく、「概念を創造するという、完璧な現在性をそなえた機能」であるとするならば、メディア論とは、電子メディアが日常環境に浸透した危機的な時代における最も「哲学的」な思考の一つの亡命形態を現しているにすぎない。

別にインターネットやマルチメディアがそれ自体で新しい思考や生活を生み出すわけではない。時代＝時間の先端に触れるという点では、現代のわれわれがコンピュータにコマンドを打ち込むよりも一七世紀人がレンズを操作する方がはるかに進んでいたということもありえる。今日のテクノロジーの見かけの規模や複雑さに惑わされてはならない。テクノロジーよりもテクネーの方が素朴だとは言えないし、また逆に、テッド・ネルソンの「ハイパーカード」や、ティム・バーナーズ＝リーに始まる「ウェブ・ブラウザ」が所詮は本の発明を越えてはいないというのも誤っている。問題は、そのような直線的な比較ではないのである。

反時代的なものが、みるみるうちに世の中を制覇していく転形期というものがある。しかし、それが続くのはたかだか一年であり、最も活きのいい持続は（「世界を震撼させた」）一〇日間か二〇分――『マックス・ヘッドルーム』の「二〇分後の未来」――である。哲学はそのとき「亡命地」を「革命」のなかに見出したり、「テクノロジー」のなかに見出したりする。いや、そのような場はいたるところにある。むしろ、転形期の具体的イメージを「革命」や「テクノロジー」のようなマクロなイメージのなかに見るよりも、もっとミクロで瑣末なイメージのなかに見ることが必要だろう。

ドゥルーズは、ミクロな「革命」、「分子革命」に敏感であったたし、それを発見すること自身がひとつの革命実践だと考えていた。その最晩年の文章で、彼が、チャールズ・ディケンズの新聞通信員時代の小説『われらが友』のあるシーンについて次のように言うとき、このプロセスは、ミクロからマクロなレベルにわたるあらゆる転形期にあてはまるだろう。

極道人が一人、みんなが侮辱し、相手にしない悪漢が一人、瀕死状態におちいって運ばれてくる。介抱にあたる者たちはすべてを忘れ、瀕死者のほんのわずかな生の兆しに対して、一種の熱意、尊敬、愛情を発揮する。みんなが命を救おうと懸命になるので、悪漢は昏睡状態の中、なにかやさしいものがこんな自分の中にも差し込んでくるのを感じる。しかし、だんだんと生に戻るにつれ、介抱に当たった人々はよそよそしくなり、悪漢は以前と同じ卑猥さ、意地悪さにもどってしまう。この男の生と死の間には、死とせめぎあうひとつの生のものでしかない瞬間がある。（小沢秋広訳「内在：ひとつの生……」、『文藝』、一九九六年春季号）

こうしたつかのまの持続と内在を、ドゥルーズは、「超越論的場」とも呼ぶ。これは、伝統的――つまりはドイツ観念論において頂点に達した「哲学」が用いる「超越論的」なものを根底から変革した果てに生じる概念である。

すでに、フッサールにおいて、「超越論的」なものは観念論的なものではなく、物と身体に分かちがたく逸脱した「相互主体的」（間主観的）な意識にその場を見出していた。が、それは、依然として意識であったが、メルロ＝ポンティは「肉」（シェール）という新たな概念化によってフッサールの観念論的しがらみを断ち切った。ドゥルーズが、「超越論的場を、《存在》に依存することも《行為》に従属することもないひとつの生として提示したい」（同）というとき、彼は、フッサールからメルロ＝ポンティにいたる流れの先端にある。

「亡命」の哲学と「亡命」を拒否する哲学とがある。革命を語り、抑圧を批判し、メディアを論じる哲学は「亡命」の哲学である。「亡命」者は、その先々の「亡命」地で、いまはなき転形期を想起し、観念のなかでそれを持続させようとする。メディアに「亡命」する哲学は、「ラディオ・アリチェ」の、あるいは「コミュニケーション改正法」成立前のつかのまのアナーキーな電子スペースを観念のなかで持続させざるをえない。少なくとも、哲学を守り抜くためには。が、ドゥルーズは、そのような「亡命」を一切拒否するだろう。彼は、哲学の場にとどまる。が、それは、「亡命」をしないでいられるからではなく、哲学がすでに「亡命」しているからこそ、あたかも「亡命」がまだ始まっていないかのごとくに「亡命」することを拒否するのだ。

旅をするとは、何かを言うためにどこかに出かけて行き、また何かを述べるために帰ってくることにほかならない。行ったきり帰ってこないか、向こうに小屋でも建てて住むのであれば話は別ですけどね。だから、私はとても旅をしようという気になれない。生成変化を乱したくなければ、動きすぎないようにこころがけなければならないのです。トインビーの一文に感銘を受けたことがあります。『放浪の民とは、動かない人たちのことである。旅立つことを拒むからこそ、彼らは放浪の民になるのだ』というのがそれです。(「哲学について」、前掲書)

その意味では、ドゥルーズは、つねにすでに革命や政治的反動の渦まく場のなかに「亡命」していたし、とりわけパラノイアックに増殖するメディアのなかに「亡命」してもいた。彼は、現代の新しい権力形態をメディアによる「解放環境における休みなき管理の形態」と見なしていた。「君主型」の管理はいうまでもなく、「規律型」の管理は終わろうとしている。インターネットのようなコミュニケーションが制度化されたことがそのことを示唆している。だから、インターネットのなかにグローバルな民主主義やアナキズムを見るのは脳天気なことであり、そのような面が潜在する度合いは、君主的管理や規律的管理のなかにときとして反権力の隙間がぶち開けられ、権力の風船から空気が吹き抜けた度合いと変わりがないのである。

いま目前にせまった、解放環境における休みなき管理の形態にくらべるなら、もっとも冷酷な監禁ですら甘美で優雅な過去の遺産に思えてくることでしょう。(「管理と生成変化」、前掲書)

イタリアのアウトノミア運動のなかで「コミュニズム」の概念を定義しなおしたアントニオ・ネグリが、一九九〇年にドゥルーズにインタヴューしているが、その答えは含蓄が深い。

管理やコミュニケーションの社会によって、『自由な個人を横断する組織』のかたちで考えられたコミュニズムを成り立たせる可能性を秘めた形態が生まれるのではないか、あなたはそう質問なさった。私にはよくわかりません。もしかするとあなたのおっしゃるとうりになるかもしれない。しかし、それを支えるのはマイノリティによる発言権の回復ではないはずです。言論とかコミュニケーションとかいうものはすでに腐敗しきっている恐れがあるからです。言論やコミュニケーションは金銭に毒されている。しかもたまたまそうなったのではなく、本性からして金銭に支配されている。だから言論の方向転換が必要なのです。創造とコミュニケーションはこれまでも常に別々のものだったのです。そこで重要になってくるのは、管理をのがれるために非＝コミュニケーションの空洞や断続器をつくりあげることだろうと思います。（同）

ここでドゥルーズが「管理をのがれるために非＝コミュニケーションの空洞や断続器をつくりあげる」と言う際の「空洞」とは、原文では vacules であり、「断続器」は、interrupteurs である。vacules は、軽石に無数に空いているような空孔のことであり、interrupteurs は、要するにスイッチのことである。こうした発想は、ガタリが繰り返し語ったメディア戦略と完全に一致している。たとえば、一九七六年から爆発的に現われたイタリアの自由ラジオの動きに呼応して書かれ、ラディオ・アリチェ局で放送された文章「潜在する無数のアリチェ」のなかでガタリは言う。

いたるところにゲットーを——可能なら自主管理の——、いたるところに極小収容所を――家族や夫婦のあいだまでにも、また頭のなかにも忘れないで――つくること、そうして、諸個人ひとり一人を昼も夜も四六時中つなぎとめておくこと。(『分子革命』、杉村昌昭訳、法政大学出版局、一九八八年)

「亡命」を拒否する「亡命」者のドゥルーズの思考の主要な場は、まさにガタリが言っている「ゲットー」や「極小の収容所」、つまりはドゥルーズの言った「空孔」や「スイッチ」をとりわけ「頭のなか」につくることであった。これは、自由ラジオやインターネットのウェブのなかでそのような試みを行なうよりもはるかにラディカルである。というのも、そうした電子メディアはすでに「解放環境における休みなき管理の形態」になろうとしており、ドゥルーズとガタリが『千のプラトー』のなかで概念化した「平滑な空間と条里空間」がそっくりそのまま今日のサイバースペースの現状肯定に利用される現実が展開しつつあるからである。

その意味で、もし、サイバースペースに新しいコミュニケーションと新しい概念生成の可能性があるのであれば、ますます必要なのは、頭のなかに「空孔」や「スイッチ」を多重につくり上げることであり、それらをサイバースペースのなかの「空孔」や「スイッチ」と絶えずリンクし続けることである。

ドゥルーズは、八〇年代の前半期に映画を集中的にとり上げた。が、これは、メディアへの「亡命」としてなされたのではなくて、あくまでも「亡命」を拒否する「亡命」、つまりは内在性への旅の試みであった。映画は、ドゥルーズにとって、「絶対の旅」であり、「映画以外の旅はすべてテレビの現状を確認する旅であるにすぎない」(「哲学について」、前掲書)。そして、その際、「映画ではスクリーンが脳になりうる」(同)とドゥルーズは言う。

このことは、映画の構造と脳のシステムとがアナロジカルであるなどという意味ではない。ドゥルーズによれば、「イマージュは人間の頭や脳のなかにあるものではなく」、「逆に、脳のほうが、あまたあるイマージュのうちのひとつにすぎない」(「『6×2』をめぐる三つの問題(ゴダール)」、『記号と事件』)と言っている。

一時日本で流行した「唯脳論」的な発想は、素朴な「唯物論」に逆転しうるものであり、解剖学的に特権化された脳に拠点を見出した「唯幻論」にすぎなかった。映画に対するドゥルーズの関心は、あくまでも歴史的なものなのだ。

テレビに対してドゥルーズは、「テレビとは、無媒介的に社会性をおびてしまう技術」、「テレビは、美学的・ノエシス的要素が完全に欠落した絶対の無価値性と完璧に一致する技術面での完全無欠にたどりつく手段を見出した」というように、手厳しいが、映画に対しては、「映画が助長した（いや、それどころか映画によって樹立された）権力はたくさんあるにもかかわらず、映画そのものはあくまでも美学的・ノエシス的機能をもつ」と肯定的である。しかし、映画がそうであるのは、映画自体がもともとそうであったからではなくて、テレビが圧倒的な力を持つ一方で、「映画の第三期が到来して、映像の第三の機能と第三の関係性が浮上してきた」（以上「セルジュ・ダネへの手紙――オプティミズム、ペシミズム、そして旅」、『記号と事件』）からなのである。

他方、脳の状況の方も変わった。『シネマ2＊時間イメージ』（宇野邦一ほか訳、法政大学出版局、二〇〇六年）の「映画、身体と脳、思考」という章のなかでドゥルーズは書いている。

脳の科学的知識は進化して、あらゆる領域での再配分を引き起こした。事態は実に複雑なので、われわれは断絶について語るのではなく、むしろ限界で古典的なイメージと断絶する効果を生み出すような新しい方向づけについて語るだろう。しかしおそらくわれわれの脳との関係も同時に変化し、それ自体が、あらゆる科学の外側で、古い関係との断絶をなしとげる。一方で、統合と分化の有機的なプロセスは、ますます相対的な内面性と外面性の水準にかかわり、それらの媒介によって、位相幾何学的に接触する絶対的な内部と外部にかかわる。それはすなわち位相幾何学的な脳の空間の発見であり、これは相対的な環境を通じて、あらゆる内部環境よりも深い内部と、あらゆる外部環境よりも遠くにある外部との共存にたどりつくのだ。もう一方で、連合作用のプロセスは、ますます脳の連続的な組織網の中の切断に直面するようになった。いたるところに微細な亀裂があり、それは単に越えるべき空虚なのではなく、一つの連合的なメッセージの発信と受信の間に、そのつど導入される不確かなメカニズムでもあった。

「脳の映画」においては、ドゥルーズによると、「映画がつくりだす頭脳的回路によって映画全体が価値を獲得するわけですが、それは、映像が運動状態に置かれているからにほかなりません。ただし、頭脳的というのは知的という意味ではありませんよ。情緒的で情動的な脳も存在するわけですから」(「『映像＝時間』について」、前掲書)と言う。

重要なのは、映像の「アジャンスマン、連結、分離、回路、閉回路の豊かさ、複雑さ、密度」である。しかし、現実には、大半の映画が、「無根拠な暴力と白痴的なエロティシズムに毒された小脳の欠陥であり、新しい頭脳的回路が工夫されているとはとても思えない」。テレビに関しては、「ビデオ・クリップの例は悲痛とすらいえる」とドゥルーズは一蹴する。

映画とは、そう言いたければ、「映画的シナップス」の創造であるが、その最もミクロで内在的なレベルがドゥルーズにとっての哲学である。そして、それは、「新しい頭脳的回路」の創造であるといっても、「脳の方がさまざまなイマージュ（映像）の一つにほかならない」とすれば、脳の解剖学的所見からは何も生じはしない。映画も脳も、所詮は、ディケンズのあの「悪漢」が経験したつかのまの「至福」の場、一時滞在のみが許されている「亡命」地にすぎない。かくして、われわれは、ふたたび「内在」の問題に突き返されることになる。すでにドゥルーズは、『差異と反復』のなかで、「思考するということ、それは創造するということであり、それ以外の創造は存在しないのだが、ただし創造するということは何よりもまず、思考のなかに『思考する』ということを産出することなのである」（「第三章　思考のイマージュ」、前掲書）と言っていた。反復。永劫なる回帰。だが、創造は、反復のなかにこそある。

永遠回帰は、それ自身新しいものであり、まさに新しさの全体である。（「第二章　それ自身へ向かう反復」、同）

永遠回帰は、世界とカオスとの内的な同一性、すなわち《カオスモーズ》である。
（「結論　差異と反復」、同）

わたしは、ドゥルーズを「孤独な思考者」の方に追いつめようとしているのではない。ドゥルーズとは、単独者ではなく、「解き放たれた個別性の集合」である。彼は、「ひとりの個人が、真の固有名を獲得するのは、けわしい脱人格化の修練を終えて、個人をつきぬけるさまざまな多様体と、個人をくまなく横断する強度群に向けて自分を開いたときにかぎられる」（「口さがない批評家への手紙」、『記号と事件』）と言っているが、この言葉はまさしく彼にあてはまる。

重要なことは、ドゥルーズ的な内在性の、一見「孤独」な、目立たぬミクロな思考的実践が、いまなぜ必要なのかである。それは、すでに述べたように、いままさにわれわれは、「解放環境における休みなき管理の形態」のなかで生きており、その最も統合的な形態が電子メディアであるからだ。

身体・脳から都市、そして宇宙空間までを統合しようとする電子メディア。それは、決して上から、あるいは単一な中央から抑圧的な力でコントロールしはしない。個人、個性、個体といった、規律型の抑圧の記憶をまだ引きついでいる近代人にはひどく魅力的に見えるテリトリーを「解放」し、そこでは彼や彼女らがあたかも自発的に自己の欲動を発動しているかのように思わせ、感じさせる仕掛けが、いま進行しつつある新たなコントロールである。その捕獲の網（ネットワーク）は、「個人」よりももっと微細な単位で「織ら」（ウィーヴ）れ、全体としては巨大な「ウェブ」を形成している。「ワールド・ワイド・ウェブ」（WWW）という別名をもつインターネットは、そうした自発的なコントロール・ウェブのまだ初歩的な形態の一つにすぎない。

そして、それだからこそ、いまや、個体の孤独よりもさらに孤独な、超ミクロなレベルでの「孤独」領域での闘いが不可欠なのである。というのも、ますます侵入の度合いを深め、その方法を洗練させる権力＝力のメディア的増殖のもとでは、個体の孤独や個人の孤立は、いささかも孤独でも孤立でもないからである。だから、このような状況下では、カスパー・ハウザーよりも、いやカフカよりも孤独であることが必要なのであり、他方、逆にまた、人が集団のなかにあるからといって、このような「蛭《ひる》」的侵入に無抵抗に身をまかせているとも言えないわけである。その意味では、今後の問題は、そのような侵入に抵抗できる個人が誰であるかよりも、むしろそのような侵入に抵抗できる集団とは誰であるかを明らかにすることにかかっているのだろう。

重要なのは、「個人」でも「集団」でもない新たな領域、「個体的でも人称的でもないが、しかし特異であり、けっして未分化の深淵ではなく、ひとつの特異性から別の特異性へと飛躍し、いつも骰子をふりながら、それぞれのひとふりのなかにいつも断片化され改革される同じ一擲の部分になっているような何かである」（「特異性について」、『意味の論理学』、前掲書）。

これは、ネグリの解釈とは大分異なる。ネグリによれば、「『千のプラトー』とは、ひとつの集合的身体の、千の特異な身体の欲動なのだ。ここで表現されている政治とは、スピノザ的な『multitudo 群衆‐多数性』のもつ共産主義の政治、最近形成された世界市場を舞台にした荒廃をもたらす諸主体の可動性のそれであり、労働者階級の搾取の、狂人の懲罰化の、『一般的知性』の管理の大いなる組織者である国家に対抗するひとつの武器として指導された最もラディカルな民主制（狂人を含めたすべての主体）のそれである」とし、「『千のプラトー』はわれわれの時代にふさわしい歴史的唯物論の復興を告げているのだ。われわれの時代は、それを立証する革命的な出来事を待ち望んでいるのである」（丹生谷貴志訳「『千のプラトー』について」、宇野邦一編『ドゥルーズ横断』、河出書房新社、一九九四年）と言う。

しかし、ネグリの戦略的な挑発を顧慮しても、その発想のあまりの古さはひいきの引き倒しである。前掲のインタヴューでも、ネグリはこの問題にこだわっていた。が、ドゥルーズの答えは、「……私にはよくわかりません。もしかするとあなたのおっしゃるとうりになるかもしれない。しかし、それを支えるのはマイノリティによる発言権の回復ではないはずです」と、控えめながらも、否を意味していたのだった。

七〇年代イタリアの「革命」の渦中におり、それを「未完」と感じたはずのネグリとしては、このような思いが深いかもしれないが、アウトノミアの革命は起こってしまったのであり、それは、一〇年後、東ヨーロッパで制度化され、最終的に死んだのだとわたしは考える。ネグリには、いささか、アウトノミアの最良の日々の思い出がありすぎるように思われる。『千のプラトー』は、七〇年代イタリアの革命の潜勢力をミクロに結晶化したものであるが、その結晶は、全く別の形態でたえず転調され、アレンジされることなしにはふたたび生起することはない

ドゥルーズは、「規律にあらがう闘争、あるいは監禁環境内部での闘争」に結びついた労働組合は、「マーケティングの楽しみに立ち向かう能力をもった、来たるべき抵抗形態」と無縁であると批判する一方で、新たな抵抗形態を身につけなければならない「若者」が、いま、「もっと研修や生涯教育を受けたい」と望み、「『動機づけてもらう』ことを強くもとめている」ことを憂慮していた。

自分たちは何に奉仕させられているのか、それを発見するつとめを負っているのは、若者たち自身だ。彼らの先輩たちが苦労して規律の目的性をあばいたのと同じように。ヘビの環節はモグラの巣穴よりもはるかに複雑にできているのである。（「追伸——管理社会について」、『記号と事件』、前掲書）

カフカが『巣穴』を書いたとき、その穴は、管理システムの隙間に掘られた「非＝コミュニケーションの空孔とスイッチ」の機能をもっていた。が、それから半世紀のあいだに、この「穴」は権力システム自身のなかに掘られ、個人に提供されるようになった。だから、そのような「穴」をいま掘っても、管理に対抗する力をいささかももちえないわけである。そして、今日の権力は、くねくねしているとはいえ直線型の「へび」よりも、モザイクやキルトの形態をなす「蜘蛛」なのである。

Ⅲ

グローバリズムのディレンマ

1

ワールド・トレイド・センターを砂漠化し、ペンタゴンの一部を破壊した9・11事件は、ミサイル攻撃のような、これまで国家が介在することなしには不可能だった戦争的規模の攻撃が小集団によってでも可能なことを世界中の「観客」にマニフェストした。武器に使われたのは、民間航空機であり、それをビルに激突させるという方法は、一見、タイタニックの沈没のときのような（ピストンや歯車を基本原理とする）モダン・テクノロジー（機械テクノロジー）の逆説を意図的に応用したかのように見えるが、その準備過程において起動したテクノロジーやその出来事を世界にマニフェストする技術は、ポストモダン・テクノロジーなのである。それは、コンピュータをはじめとする電子テクノロジーの浸透なしには不可能だった。

インターネットにつながった一台のコンピュータに向かうたった一人の個人が、コンピュータ・ウィルスをばらまくことによって、世界中のネットサーバーに甚大な被害をあたえることは、可能であり、実際にそれは頻繁におこなわれている。しかし、個人が、世界を「敵」にすることができるようになったのは、単なる技術の発達と普及のためだけではない。それまであたりまえと考えられていたことを完全に否定できる思考がともに昂進しなければ、どんなに強力な破壊兵器を所持していても、それを使うことはできない。命と自然、つまりは自分の身体、他者の身体、すでにつねに自己組織化されたものを徹底的に客体化し、その空無化を「予料」(Antizipation)する思考が必要なのである。

映画『ピースメーカー』(一九九七年)では、国連軍=ピースメーカーの空爆で家族を失ったサラエボの男がロシアの核弾頭のコアを手に入れてアメリカを危機に陥れるが、そのようなドラマティックなことをしなくても、一九九九年の東海村の臨界事故では、少数者の「不注意」が、簡単にチェルノブイリ的な災害を生み出せることを証明していた。サリンがもはや軍の兵器ではないことはオウム真理教のサリン事件によってあきらかになった。が、これまでさんざんシミュレートされてきたように、組織中枢の要人が「狂気のすえに」、映画『博士の異常な愛情』(一九六四年)よろしく世界を破滅に陥れる可能性は、モダン・

テクノロジーが依然有力だった冷戦時代にもあったにもかかわらず、それが意図的に起こされたことはほとんどなかった。

2

航空機の自爆テロの源流はカミカゼである。無謀な突撃においても死は理論上依然として「事故死」であった古典的な戦死に対して、日本の神風特攻隊は、戦死が戦争の必然的な相関要素であることを認めさせた。爆弾は消費されるが、兵士は消費されてはならないというタテマエを打破し、一人の空軍兵士を飛行機＝爆弾の操縦機能に変えた。ここには、兵士を動員し戦場に配置する指揮官がどのみち持たざるを得ない客体化の思考よりも一段上の客体化＝無化の思想が見出される。それは、同時代の西田幾多郎流の「絶対無」の哲学の変則的な応用、あるいは単純化されたドイツ観念論とナチズム的な科学主義と完全に通底している。いずれにしても、身体・生命・死への思考の飛躍的な転換と制度化なしには、カミカゼは不可能であった。

戦争は、つねに極度の客体化のなかで動く。ナチスはアウシュビッツを初めとする強制収容所でユダヤ人を数量的存在とみなそうとしたが、日本の七三一部隊では中国人は「丸太」と呼ばれた。元皇軍兵士一四人の生々しい証言を記録した松井稔の衝撃的なドキュメンタリー『日本鬼子　日中15年戦争・元皇軍兵士の告白』（二〇〇一年）は、当初、人を殺すなど考えもおよばなかった兵士がいかにして、日々の暴力的な訓練と残虐な殺人の実演のなかで、命令により平気で農家を襲い、焼きはらい、逃げる婦女を暴行し、殺す（三光作戦）ことができる戦争マシーンになるかを例証する。そのタイトルは、泣き叫びながら幼いわが子だけは助けてくれと懇願する親の目の前で銃剣をふるう日本兵に対して、殺される農民が残した叫び（「鬼の日本人《リーベンクイズ》」）からとられている。

3

湾岸戦争以来、戦争はテレビ映像と一体のものとなった。戦争がマスメディアと不可分離の関係にあるのは、第二次世界大戦においてもそうだったが、あたかも現場に居合わせるような感覚を全世界的規模でもたらす戦争は、湾岸戦争以後のものである。その結果、戦争もまた映画とテレビの視角と構図でながめられるようになり、それらのなかに入らない要素は切り捨てられる。すでに、スポーツ・災害・事件は、「生で」つまり身体全体で体験されても、すでにインプットされている映画・テレビ映像の体験のフレームとマッピングで受け取られる。映画やテレビの「目」がわれわれの身体内に埋め込まれてしまっているのであり、何ごとも映画やテレビで見るように見てしまうのだ。

ワールド・トレイド・センターへ旅客機が突入し、タワーが炎上し、やがて崩壊する一連のプロセスは、テレビのライブ中継で全世界に流された。ニューヨーク付近にいなかった者は、その事件・出来事・プロセスを知っているが、映像のシーンとして知っているのであって、出来事の体験としては非常に抽象的なのである。そして、そのプロセスとともに、『インディペンデンス・デイ』(一九九六年)や『Gozzila』(一九九八年)といったハリウッド映画のシーンが脳裏をよぎったはずだ。これは、現場にいた者でも、かわりがない。テレビ内存在としての現代人は、ハリウッド映画やCNNの映像文法を逃れることができない。しかし、現場にいる者は、やがて、三〇〇〇人の死者が飛行機のガソリンによって焼却された臭いが入り混じった煙と異臭によって、自分が映画のスクリーンの前にいるのではないことを知ることになる。

映画やテレビで起こらなかったことは、決して「起こりえない」。映画やテレビとわれわれの日常生活とのいまの関係が示すのは、映画やテレビが、くりかえし、起こりうるあらゆる出来事のシミュレーションを行なっているということである。すでに(不完全であれ、もっと「すごい」形であれ)見てしまったという意識が用意されている。ワールド・

トレイド・センターの崩壊のライブ映像を見た人が、思わず「CGよりすごいですねぇ」と口走った。たしかに、これまでハリウッド映画で使われたコンピュータ・ジェネレイティッド・イメージでは、崩壊とともに飛び散り、ロワー・マンハッタンを覆った埃を描いたものはなかった。だが、問題は、どちらがすごいかではなくて、映像の外で起こった出来事が、映像内の世界と比較されることだ。わたしたちは、知らず識らずのうちに、映画・テレビの「目」ですべてを見てしまっていることをはからずも露呈させたのである。

4

電子メディアは、距離のコミュニケーションと距離の感覚をかぎりなく広げ、フェイス・トゥ・フェイス、ボディ・トゥ・ボディの関係のなかですら、相手にメディア的距離を取ることを習慣化させる。戦争やテロのなかで行使される冷酷な暴力は、こうした距離の神経反応のなかでエスカレートする。それは、従来的な意味での「無関心」ではない。どんなに「リアル」な、身体的に手ごたえのあることをやりながらも、それが、絵空事にしか感じられない感覚が増殖しているのである。この状況からは、戦争やテロを行使する者たちはむろんのこと、反戦のマニフェストや運動を行なう者も逃れることはできない。その結果として、平和勢力は後退し、戦争とテロの推進者が力を得る。

距離のコミュニケーションや距離の感覚が、「非人間的」な暴力にしか役立たないのは、それらが本来そのような特性を持っているからではない。そうではなくて、それらが、マシーン・テクノロジーとともに機能するからである。このテクノロジーは、「人間的」なものを抽象化することによってその効率を発揮できる。距離のコミュニケーションや距離の感覚は、距離のメディアのなかでしかその能動的な要素を発揮することはできない。そもそも、ここで問題の「距離」も、マシーン・テクノロジーが依然として力をふるっている「ポストマシニック」（ガタリ）な状況のなかでの相対的な表現であるにすぎない。電子テクノロジーは、まだそのポテンシャルのすべてを展開してはいないが、このテクノロジーのなかでならば、この距離はネガティヴなものではなくなる。

5

情報資本主義は、資本主義の終末形態である。ここでは、終末の「かぎりなき循環」（「永劫回帰」）か、その場しのぎの「後退」によってしか資本主義システムが生きのびる方法はない。後退とは、石油や核のエネルギーにもとづくマシーン・テクノロジーと一体となった戦争体制において、最も見えやすい形をとる。冷戦が終わったとされるベルリンの壁崩壊後の状況のなかで展開したＩＴ経済は、メディア・テクノロジーをマシーン・テクノロジーとして用い、世界中に石油／ガスならぬ「情報のパイプライン」を張りめぐらした。今日の世界主流は、情報＝オイル／ガスのパイプラインの拡充とそのなかへ最大量の情報＝オイル／ガスを流すことへ向かっている。だが、石油／ガスのパイプラインの拡張が効率と破壊を加速させるにすぎないのに対して、当面は情報＝オイル／ガスとしてであれ、それが世界に拡がり、多重的・多層的になればなるほど、「パイプ」のなかを流れるのは、「オイル／ガス」的なものであるよりも、情報的なものとなり、結局のところ、情報パイプは、自己否定と自己矛盾に陥る。

「進みすぎた」情報技術は、国境や重工業を有名無実なものにしてしまい、国家政治は、技術の「進展」を意図的に後退させせなければならなくなる。二一世紀になってＩＴ産業が失速したのも、アメリカでも日本でも国家指向の強い指導者が誕生したのも、世界中で検閲や情報規制が逆に強まっているのも偶然ではない。しかし、一旦導入されたテクノロジーは、いかなる人工的な「後退」や「遅延」を越えて、システムを侵食する。新たな人工的冷戦も人工的「大不況」も長続きしない。冷戦体制の「永遠回帰」は不可能である。後退と逸脱とをくり返しながら、情報資本主義は、ある日、全くことなるシステムになりかわる。

6

国家は、実際には、「メタ国家」になりつつある。支配者は世界中に散らばり、ネットワークを組んでいる。その決定は、実体的な「国家」の中枢においてではなく、そうした「国家」のメタ・レベルで行なわれる。「国民」も、国境を越えて働かされ、遊ばされる。グローバリズムは、一方でこうした傾向を促進しながら、他方で、そこから派生する矛盾をあたかも自分には無関係のものとして排除しようとする。労働の国際移動によって過疎化する「国土」と拡大する生活格差、貧困は無視され、逆に労働備蓄と競争力増進のために意図的に放置される。

今日の戦争は、メタ国家同士の戦争であり、地理的な国境線を越えて闘われる。世界は異なる「メタフィジック」(形而上学)によって分離・対立するが、その分離・対立は「国家」内にも入れ子状に存在し、「国家」、「地理」、「人種」、「宗教」の差異は意味をなさない。メタ国家の対立と協調は、ネットワーク状になされ、単純な視角からは不可視で茫漠としている。二〇世紀後半以後の戦争が、アングロサクソン対アラブ/モスレムという外観を呈しているとしても、それは、メタ国家の戦略的なカモフラージュにすぎない。同様に、「原理主義」という概念も戦略概念である。

　メタ国家の戦争では、従来の意味での戦争とテロとの区別はあいまいになる。この「戦争」は、すでに国際法を越えてしまっており、これまでの常識は通用しない。レーガン政権によるリビア空爆、ジョージ・ブッシュ政権によるイラク空爆、そして息子のジョージ・W・ブッシュ政権によるアフガン攻撃、イラク戦争は「国家テロ」とも呼ばれたが、テロとは、狭義には、少数者や個人が国家を相手に闘う方法の一つであった。国家にはテロは出来ないのであって、国家がテロまがいのことをするということは、国家がもはや国家でなくなっているか、あるいは、「テロ」という概念自体も意味をなさなくなっているということでもある。実際に、テロは、9・11事件に見られたように、従来の「テロ」の規定を過激に越えてしまった。

　近年のテロリズムの主要な技法は自爆テロであるが、これもまた、一つのメタ国家がもっぱら推進する情報的グローバリズムに対抗するもう一つのグローバリズムであるにすぎない。このグローバリズムのねらいは、身体的なボーダー（人種・エスニック文化・地域性）の消去である。言い換えれば、それは、身体のサイボーグ化であり、アンドロイド化であるが、情報テクノロジーによる身体的ボーダーの無化も、遺伝子操作による身体的ボーダーのヴァーチャル化も、まだ徹底的なボーダーレスの域には達していない。だから／それにもかかわらず、もう一つのグローバリズムが生まれる。それは、自爆テロによるグローバリズムである。

しかし、それは、人種・エスニック文化・地域性といった身体的ボーダーに執着し、それらを消去しようとするグローバリズムに対抗しているにもかかわらず、結果的に、世界には、破片と化した身体から読み取れる遺伝子情報の差異、死せるボーダーしか残らない。リュック・ベッソンの『最後の戦い』（一九八三年）が描いた砂漠化した都市と、声を失い慢性的な衰弱のなかで生き永らえるひとにぎりの人間たち。このグローバリズムの果てには、瓦礫ではなく、砂漠しかない。あらゆるグローバリズムを越えることが必至だが、それは、グローバリズムの単なる否定からは生まれないだろう。脱グローバリズム——トラ、い、い、か、い、ンスローカルなグローバリズムへ。

ワイヤレス・イマジネイション

ラジオは、一九一〇年代から一九二〇年代に普及しはじめ、一九四〇年代にピークに達し、やがてテレビに凌駕されるというのが、教科書的なラジオ史だが、ラジオの歴史はそれほど単調ではない。ラジオにもさまざまな形態があり、今日でも、今日流のラジオがあり、ラジオそのものは依然として生き残っている。

一九一〇〜一九五〇年代は、ＡＭ方式によるマス・ラジオが全盛であり、一九六〇年代にはＦＭ方式のローカル・ラジオが新たに現れた。このなかからコミュニティや大学の専門ラジオ局が生まれた。

一九七〇年代にはイタリアを発祥の地として自由ラジオが生まれた。これは、免許なしで誰でもが放送を行なうという画期的な形式のラジオだった（ただし、ラジオの誕生を歴史に刻んだマルコーニのラジオ実験の多くは、早期にイギリスが電波帯の国家所有を決定していたので、事実上、すべて非合法の「自由ラジオ」だった）。日本でも、その余波として「ミニＦＭ」がブームになったが、これは、一九九〇年代後半のアメリカ／イギリスで急速に活気づく「マイクロ・ラジオ」を先取りしていた。

一九八〇年代のアメリカのローカル・ラジオでは、「トーク・ラジオ」という、個性的なパーソナリティを中心に政治も娯楽もごちゃまぜに好き勝手な放送をやるスタイルが登場し、ハワード・スターンというスキャンダラスなスターを生んだ。

一九九〇年代には、インターネットの先進技術を使った「ネット・ラジオ」が登場し、今日、それが、既存のラジオとテレビを凌駕しかねない勢いになっているが、画像も見えるネット放送が、「画像付ラジオ」（radio with picture）とよばれているのは、おもしろい。なぜ「ネット・テレビ」とは呼ばれないのだろうか？　このあたりに、ラジオが単に音声を伝達する放送メディアにとどまらず、まさに「ラディオ」の語源をなす「ラディエーション」（放射する）が含意している複合的な次元がからんでいるように思う。

「失われた世代」の時代は、ラジオが普及しはじめる時代と重なる。おもしろいのは、この時期のイギリスでラジオが「ワイヤレス」とも呼ばれていたことである。「失われた世代」の喪失・欠如（ロスト）と「ワイヤレス」の無・不在（レス）とは、どこかで交錯しあうのではないか？　そのような交錯点を見ることによって、ラジオと「失われた世代」

の両方を異化するだけでなく、今日あらわになっている事柄へ合流する一本の流れが鮮明になるかもしれない。もしそのような流れが見いだされるならば、その流れは、これから支配的となる動きをも示唆してくれるだろう。

「失われた世代」を、第一次世界大戦後の喪失と欠乏の意識や虚無感との関係で見るならば、今日との接点を見いだすことは難しい。「狂乱の二〇年代」を正負のセットにして考えるのも安易すぎる。が、「失われた世代」とともに顕在化した有力な具体現象は、ボヘミアン知識人のライフスタイルである。それは、パリのキャフェから世界中のアンダーグラウンド・カルチャーを通底し、そして今日のホームレス・カルチャーにまで流れ着いたところのものである。「失われた世代」が失ったのは、ホ﹅ー﹅ム﹅であった。その「ホーム」は、家庭にとどまらず、あらゆる意味での拠点、よりどころであり、恒久的に固定された避難所があるという観念である。

二〇世紀の八〇年代に意識化されたことは、ホームレスとは、単に生活の方向を見失なった路上生活者を意味するだけでなく、あらゆる意味での拠点を拒否する者をも意味するということである。家庭や家を拒否するだけでなく、安定した生産点での労働、つまりは強制された労働、さらには絶対化された一点に集約される遠近法——同じことだが、一点から一望を見渡せる「パノプティック」な観点。これらを根底から拒否することも、ホームレスのカルチャーに属しているという認識である。

「失われた世代」のボヘミアンは、まだ根拠の喪失を嘆いていたが、ホームレスは、もはや根拠など問題にしない。現在から過去へ向かって無窮に引き延ばされた線状の果てにある「起源」を放棄すること。はじまりなき意識。線から面へ。表象される場所としてのユートピアから、その語の本来の意味でのウ・トピアへ。ユートピアは、ギリシャ語で無を意味する「ウ」と場所を意味する「トピア」から出来ている。その意味では、ユートピアとは「無場所」のことである。

究極的な「無場所」とは身体である。アントナン・アルトーは、創造の瞬間、恍惚に燃え上がった身体、発生期状態の身体を「器官なき身体」と名づけた。身体は、場所を展開すると同時に、場所を解消する。肉体と精神の二元論では、身体が器官を失う特定の相を「精神」と名づけて肉体から区別した。が、身体が「器官」を失うのは、連続的なプロセスのなかにおいてであり、その切れ目は、観念的な操作なしには定かではない。たえずそこにあるが、関係は変化しつづけている地平線のように、そこにあり、そしてそこにない。

「狂乱の二〇年代」が求めた熱狂とエクスタシーは、忘我のヴァリエーションである。忘我とは、惰性的に慣れ親しんだ自我の場、同一性の場を失うことであり、そうした場からの解放である。自我を確固とした拠点・根拠とする者には、忘我の恍惚は体験できない。エクスタシアとは、ホームから極限的に脱出することである。

ホイットマンは、『草の葉』のなかで、「ボディ・エレクトリック」という言葉を使っている。これは、「荷電した身体」というように訳されるが、さしあたりラジオとも電気とも関係のないホイットマンのこの表現は、電気に荷電し、恍惚状態にある身体を想像させる。電気に打たれるということは、雷の被害者になるということよりも、電波のなかに身体をさらすことにおいて普遍化する。ラジオ、テレビ、モバイル、ケータイ……無数の電波スモッグのなかで生きている現代人は、つねに電波に打たれ、荷電した身体をかかえているので、その打たれ、荷電する経験を自覚できない。

現代人は、ホームレスになったが、ホームページはもっている。が、ホームページは、コンピュータ・ジェネレイテッドな場所であって、肉体の諸器官や建築物や都市のような場所性をもった身体空間ではない。それは、「器官なき身体」ではあるが、発生期の流動する時間のなかで器官を失う身体ではなくて、無理矢理器官を剥奪された身体の形骸であるところが違う。ラジオは、恍惚としての「器官なき身体」を生み出すとともに、身体を形骸化しもする。

日本でラジオ放送が開始された一九二五年当時、「影も形も無けれども、二本の線が伝はりて、雨のあしたも風の夜も、よろづの家を一様に、同じ時刻に訪づれて……」という「ラジオの唄」が作られたという（竹村民郎『大正文化』講談社、一九八〇年）。まさに、ラジオは、「無線」であるにもかかわらず、「二本の線」で結ばれたものなのであった。

通信衛星とインターネットの時代になって、電子メディアが、（たとえ電線で信号が送受されるとしても）点と点とを結ぶ伝導パイプであるという発想は失われつつあるが、いまでも、情報の「送り手」と「受け手」というような言い方をするように、ラジオ現象を線の関係で考える傾向は根強くある。が、それは過渡期の発想にすぎない。線（ワイヤー）の発想は、ラジオの歴史の初めの段階においてすでに破綻していた。ラジオは線を否定し、線とは異なるロジックによって動かされていた。

一九世紀末にマルコーニが、「ワイヤレス・テレグラフィ」（無線電信）の実験を行なったとき、それまでケーブルでつながっていたものを無線に変えたという意味で「ワイヤレス」だった。しかし、一年もしないうちに、ワイヤーが全く通ってはいない場所を電波で結ぶようになり、有線ではできないことを拡大していった。たしかにワイヤーはないのだが、そもそもワイヤーを考えることが比喩にすぎないという状況が生まれたのである。だから、「ワイヤレス」が、「放射」を意味する「ラディオ」と言い換えられるようになったのは、理の当然であった。

しかし、ここでは、まだ線の発想が支配的で、一八九四年以来、マルコーニが、ワイヤレス・テレグラフィから肉声の送信、短波によるネットワーク、さらにはプログラムのあるラジオ放送、ラジオ局の設立へと、探険家や侵略者に通じる意識で電波の到達範囲を拡大していったとき、重要なのは、二点を結ぶ線であり、だから、その成果は、「コーンウォールとニューファウンドランド島とのあいだを無線でつなぐことに成功」というような言い方で評価された。

この点では、自動車の方が、線の発想を越えていた。自動車の普及は、ヘンリー・フォードが、フレデリック・W・テイラーの新しい「科学的管理システム」を採用したことによって起こったが、線状のベルトコンベアにおいて重要なのは、その端緒と末端ではなくて、その間に区分されたさまざまなパートであり、点よりも面が問題なのであった。

だが、ラジオと自動車との違いは、前者が身体的な空間の延長なしに面を拡大するのに対して、自動車は、あくまでも身体空間を拡大することに終始したことである。実際、自動車の普及は道路を変え、郊外都市を生み、職場と生活の場とを分離した。つまり、面の拡張が、その内部に複雑な線を増やすことになったのである。しかし、それは、線の思想を離れることができなかった。テイラー・システムには、「部分の集合を全体」とみなす近代科学の数理的合理主義と分業の経済学が流れ込んでいるわけだから、それは必然的なことだった。

　リンドバーグの大西洋横断とともに次世代の乗り物として印象づけられた飛行機は、身体のラジオ化の極限である。身体的なレベルを維持しながら行なえるぎりぎりの脱身体化。飛行機は、遠近法の終焉と「一望に見渡せる」（パノプティック）世界を目ざす。しかし、この時代に、現象学の創始者エドムント・フッサールが指摘したことだが、知覚はつねに動的な遠近法的「地平」をともなっており、「一望に見渡せる」ということは不可能である。自分の体を他者の目で見ることはできないし、まなざし自身を見ることはできないではないか、とフッサールは言った。にもかかわらず、近代科学とそれにもとづくテクノロジーは、パノプティズムがあたかも可能であるという前提のもとで「発展」してきた。

　空中への進出は、地上（都市と建築）では、強度の管理を徹底させた監獄のような、個々人を非人間的な条件のなかに閉じ込めることなしには実現できないパノプティズムとパノプティコンへのあくなき願望である。高層建築とは、飛行機から見た都市を理想とする建築様式であり、ハイウェイとは、飛行機の観点から再構築された道路を意味する。以後、乗り物は、自動車も列車も、飛行機を理想モデルとしていく。自動車にシートベルトが付き、ナビゲーターがつき、列車の窓は密閉式となる。だが、いくら空中にかぎりなく飛翔しても、身体的世界での飛翔にはつねに「地平」が伴う。身体空間は嵩《かさ》を消去しつくすことはできない。それゆえ、音の世界に限定しながらも、実際の世界と実質的（ヴァーチャル）に同じ条件を構築してくれるラジオへの期待と願望が高まる。

いまや人口に膾炙したフレデリック・L・アレンの『オンリー・イエスタデイ』を引用するのは、安易かもしれないが、一九二二年の春には早くも熱狂的な流行になったアメリカのラジオについての次のような記述は、依然、説得力がある。

　三軒に一台の割合で全国に浸透したラジオ。全国に中継電波を送る巨大な放送局。アンテナの林立する共同住宅の屋根。旧式なフローレンス風のキャビネットに納まった受信機からささやくように歌うロキシーとその楽団やハビネス・ボーイズ、A&P・ジプシー楽団、そしてルディ・ヴァリー（当時最も人気のあった流行歌手）。「とうとう彼はやりました。確かに彼はやった。タッチダウンです。みなさん、これこそ最高の試合の一つだと申し上げたい……」という叫び声を、居間のわれわれに聞かせて、いかなるアメリカ市民よりも民衆にとって親しい存在になったグレアム・マクナミー（人気アナウンサー）の声。一九二七年になって、遅ればせながら競合する放送局の波長の割当を主張した政府。イースト菌や練歯磨についてのちょっとした選り抜き文句をつけてベートーヴェンを紹介する特典に莫大な金《カネ》を払う広告主。そして、個人で、アメリカ・ラジオ会社（ＲＣＡ）の株を一九二八年に八十五ドル四分の一の安値から、二九年の五百四十九ドルという高値にしたマイケル・ミーハンなどが、それである。（藤久ミネ訳、筑摩書房、一九八六年）

ニーチェは、『力への意志』のなかで、「真の世界」というものは、「遠近法的仮象」だと言っている。遠近法が存在するかぎり、世界に無限の地平がつきまとう。一望のもとに見渡せる絶対的な観点はない。だから、それがあるとすることも、「遠近法」のなせるわざであり、それは、したがって、「遠近法的仮象」だというわけである。この「遠近法的仮象」の増殖とその構築物（ハイデッガーは、これを「世界像」と呼んだ）の支配を「力への意志」と名づけた。そして、あくまでも身体にとどまりながら、それをのり越える方法の一つとして、「悦ばしき知識」を提起する。それは、カビの臭いのするアカデミックな知識ではなくて、恍惚と「無場所」（ウ・トピア）へいざなう動的でセンシュアルな知であり、学であり、「科学」（Wissenshaft）である。つまりは、新しい世界とその世界への姿勢である。

ラジオの歴史は、ニーチェ的に言えば、「遠近法的仮象」と「悦ばしき知識」とのあいだを揺れ動いている。一九一〇～二〇年代に普及しはじめたマス・ラジオは、本当は消去できないはずの身体をあたかも消去したかのような形で押し広げられた「見せかけ」（仮象）の空間のなかに進出した。それは、巨大な「仮象」、ラジオに不可欠の三極真空管を発明したリー・デフォレストが言った「見えない空気の帝国」を構築する事業であった。これに対して、「悦ばしき知識」は、身体の固執なしには不可能であるから、これに属するラジオは、身体サイズのラジオであり、たとえ地球規模のネットワークを持つとしても、個々人の身体を活気づけ、「悦ばしき知識」をよみがえらせるラジオである。これは、マス・ラジオの「仮象」性が暴露されたあとでも、なかなか登場しなかった。

「見えない空気の帝国」は、通常、みずからが「仮象」であることを覆い隠す。それは、あたかも身体の延長上に存在する「実在」的な世界であるかのように受け取られる。が、一九三〇年代になって、この「仮象」性が公開的に暴露される事件が起こった。オーソン・ウェルズが仕掛けた「火星人襲来」事件である。

一九三八年一〇月三〇日（日曜）、ニューヨークのWABCをキーステーションとしてCBSの全米ネットワークに流されていたレギュラー番組「マーキュリー劇場」で、ウェルズは、H・G・ウェルズの小説『世界戦争』（『宇宙戦争』）をドラマ化した。これは、「実況中継」の形式のドキュドラマであったが、その放送を実際のニュースだと勘違いした聴取者がパニックを起こした。

放送中最初と中間に、ウェルズの小説にもとづくドラマであることがアナウンスされ、また、聴取者の電話による問い合わせに対しても局側は、これがフィクションであることを説明したにもかかわらず、多くの聴取者が、ニュージャージーの郊外に火星人が飛来したと信じ、火星人の攻撃を逃れるために右往左往したのだった。

番組を途中や仕事のあいまに聴き、途中で流された「これはドラマである」というメッセージを聴きのがした聴取者がいたために、こういうパニックが起こったというのは、表面的な解釈である。もともと、マスメディアは、記号と記号との偶然的な戯れのなかで読まれ、聴かれ、観られるものである。精読するようにラジオを聴き、テレビを観る者は少ない。むしろ、問題は、ラジオが、宇宙というような、個々の身体とは無関係な世界の「仮象」になるとき、現実か非現実かを判断する基準が喪失すること、現実か非現実かは、あくまでも身体を基準として判断されることである。

オーソン・ウェルズの実験は、進行中のラジオが、「仮象」の増殖に向かって進んでいることを自ら明らかにした。ヒトラーは、近代テクノロジーのこうした「仮象」性をさまざまな分野とさまざまな方法で駆使したが、ラジオは、最大の武器であった。ヒトラーが、ヘルマン・ラウシュニングに語ったとされる、次の言葉は、彼がマス・ラジオの「仮象」的機能を十分知っていたことを示唆する。

威圧策をあまり頻繁に使いすぎるのはよくない。無感覚をうみだすテロよりもずっと重要なのは、大衆の観念の世界、感情の構造を組織的に変えることである。大衆の思考と感情とを制御しなくてはならないのだ。ラジオのある今日においては、これまでの時代とは比べようもないほど、これは容易である。（ヘルマン・ラウシュニング『ヒトラーとの対話』、船戸満之訳、学藝書林、一九七二年）

一九一〇～五〇年代のラジオが、「遠近法的仮象」を目指したということは、この時代のラジオが、必ずと言ってよいほど、絶対者や権威を祭りあげる記念碑的イベントとともに発展したことからも理解できる。

「世界最初」のマス・ラジオは、一九二〇年一一月、アメリカの大統領就任が決まったウォレン・ハーディングの選挙勝利宣言の放送であった。

一九二五年（大正一四年）に始まった日本のラジオ放送は、国民統制にとって強力な影響をもつラジオ体操を一九二八年（昭和三年）に開始するが、それは、昭和天皇の「御大礼」の記念事業であった。

一九三〇年にマルコーニが始めた短波による最初の「世界放送」は、ピウス一一世治下のヴァチカンにおいてだった。

ベルトルト・ブレヒトは、ヒトラーのラジオ戦略を予見するかのように、一九三〇年の時点で、ヒトラーとは根本的に異なるラジオ論を提起している。まず注目しなければならないのは、聴取者のとらえ方がヒトラーとは全く違う点である。ブレヒトにとって、聴取者とは、与えられたものを受動的に受け入れるヒトラー的な「大衆」ではない。もしそのような「大衆」がいたとしても、それは、そうしむけられているにすぎないとブレヒトは考える。

ブレヒトは、ラジオの使用を前提とした『太平洋横断』という台本についての「注釈」（一九三二年）のなかで、「『太平洋横断』は、現在のラジオの使用に供するのではなく、それを変革しなければならない」と言い、そのためには、「聴き手のある種の蜂起、その能動化、［消費者ではなく］生産者としての復権」が必要なのだと言っている（『ベルトルト・ブレヒトの仕事6』、野村修ほか訳、河出書房新社、一九七三年）。

ブレヒトは、同時期の「コミュニケーション装置としてのラジオ――ラジオの機能に関する講演」（前掲書）では、聴取者の「蜂起」についてもっと具体的に述べている。彼は、進行中のマス・ラジオが、どんなに普及し、刑務所のなかにも、ホームレスのねぐらとなる橋桁の下にもラジオ受信機があるというような状況が生まれても、それだけではラジオの機能は変わらないということを鋭く洞察していた。

実際に、いまは誰でもがラジオを持っているが、聴取者が受動的であることはあまり変わっていない。ブレヒトが言うように、マス・ラジオにおいては、「万人にむかってあらゆることを語りかける可能性が、突如として生み出されたが、よくよく考えてみると、語りかけるべきことは何もなかった」のである。「公衆がラジオを待望したのではなく、ラジオが公衆を待望した」。これは、新しいテクノロジーが登場するときの変わらぬ状況である。

マス・ラジオは、聴取者に語らせない。傾聴する——黙って聴くということを要求する。しかし、条件が変われば、全く反対のことが起きる。放送局には、「語りかけるべきことは何も」ないとしても、聴取者の側には語るべきことはいくらでもある。そこで、ブレヒトは言う——「もし、ラジオが送信することも受信することもでき、聴取者に聴かせるだけでなく、語らせることもでき、彼らを孤立させるのではなく、参加させることができるとしたら」、「ラジオは、パブリックな生活の、考えうるかぎりにおいてもっとも大規模なコミュニケーション装置、巨大なチャンネル組織となるだろう」。

しかしながら、ブレヒトのこの提案が具体化するのは、彼の発言から四〇年もたって花開くコミュニティ・ラジオのパブリック・アクセス（聴取者が自由にスタジオを使って番組を作る）においてであり、それがさらに彼のいう「考えうるかぎりにおいてもっとも大規模なコミュニケーション装置、巨大なチャンネル組織」となるのは、さらに二〇年以上あとの一九九〇年代半ばに展開するインターネットのラジオにおいてであった。

インターネット・ラジオは、ワイヤレス（無線）ではなく、有線で結ばれている。だが、世界中に張りめぐらされたインターネットの回線のなかには、通信衛星やマイクロウェーブも使われており、また、コンピュータと回線とを結ぶケーブルの代わりに無線（WiFi ワイヤレス・ラン）の使用がより浸透するようになる。ケータイやスマホでメールを受信するときには、ワイヤーはない。つまり、ワイヤーは、さまざまな形で地球上を覆っているが、ワイヤーとワイヤーとのあいだをワイヤレスの電波が複雑につながりあい、ワイヤーの線としての意味が、メッシュや網の目の方にかぎりなく近づいていくのである。「ワールド・ワイド・ウェブ」（WWW）というインターネットの別名は、こうしたメタファーとしても含蓄があり、かぎりないイマジネイション、ワイヤレス・イマジネイションをかきたてる。

ヴァーチャル・エコロジー

1

近年また「エコロジー」という言葉が方法論的な関心で使われるようになってきた。とりわけ「メディア・エコロジー」や「社会エコロジー」などの名のもとに、ニューヨークやシアトルの「占拠」のなかであらわになったアクションや身ぶりの分析をする論者が生まれつつあり、「新しい」ディシプリンになる兆候が感じられる（一例としては、Christoph Brunner, Roberto Nigro and Gerald Raunig: Post-Media Activism, Social Ecology and Eco-Art, *Third Text*, January, 2013 Vol. 27, Issue 1 を挙げたい）。

いまの時点でメディア・エコロジーというと、二〇〇五年に同名の本を出したマシュー・フラー（Matthew Fuller: *Media Ecologies: Materialist Energies in Art and Technoculture*, The MIT

Press）が浮かぶ。グレゴリー・ベイトソンとフェリックス・ガタリを継承しながら、具体的なメディア活動への鋭敏な目配りをして、文化と社会の対抗的「汎用理論」の機能を果たしつつある。

が、彼ら以前に、アメリカではメディア・エコロジーが流行した時代があったし、日本でも「情報環境論」のような名称がトレンディだったということを考慮に入れる必要がある。それらは、それなりに、「カルスタ」（カルチュラル・スタディーズの日本的蔑称）流行以前の学際的な操作概念として意味があったわけではあるが、フェリックス・ガタリが「メディア・エコロジー」という語を使うときには、そういうものとは決定的に異なるスタンスと方向性があることに注意しなければならない。

メディア・エコロジーにかぎらず、ガタリにとって、すべての概念はそのコンセプチュアリティにおいてよりも、まずはそのユーザビリティに意味がある。定義の整合性や原理的な内在性ではなくて、それが他の思考や実践・実験をうながし、仕向ける能動性のポテンシャルこそが重要であり、これこそ彼が、ジル・ドゥルーズとともに『哲学とは何か』において、「哲学とは、諸概念を形成、発明、製造する仕方である」、そうした「諸概念の創造自身が、ひとつの未来形を呼び起こし、いまだ存在しないひとつの民と新たな大地をさしまねく」（財津理訳、河出書房新社、一五五頁。*Qu'est-ce Que La philosophie?* Les éditions de Minuit, p.104.）と言い、『カオスモーズ』では、もっとはっきりと、「一人の芸術家が先人や同時代人から自分にとって好都合な着想を借り受けるのと同じように、わたしの著作を読む者は好きなように私の概念を取り入れたり、拒絶してくれればいいのです」（宮林寛・小沢秋広訳、河出書房新社、二四〜二五頁。*Chaosmose*, Galilé, 1992, pp.26-27.）と言ったゆえんである。

2

汎用理論としてのメディア・エコロジーからガタリの創造的実践のマキシムとしてのメディア・エコロジー、さらには彼自身が「ヴァーチャルなもののエコロジー」と呼んだものを区別するためには、若干の回想が必要になる。

一九八三年、わたしは、ニューヨーク大学で開かれた「教育における衛星通信」という会議で、テレンス・モラン（Terence Moran）のメディア・エコロジー論を聴いた。当時すでに、ローマクラブの鳴物入りの警鐘が功を奏して、「エコロジー」の名のもとに、自然や生活環境の物的な破壊に関する意識は高まっていたものの、メディアはまだエコロジーの本格的な対象にはなっていなかった。

むろん、マスメディアによる意識の均質的な支配や植民地化（ジョエル・コヴェールやハーバート・シラーの意味で）というような問題に関しては、批判理論などの長きにわたる理論的批判がやっと部分的に受け入れられたかのような程度においては、システム側でも若干の「自己反省」が出ており、いわば大量生産に対する多品種少量生産的なメディア戦略は稼働しはじめていた。多チャンネルのケーブルテレビや、市民に解放されたパブリック・アクセス・チャンネルといったオールタナティヴなメディアをメインストリームメディアが取り込もうとする動きも出てきていたのである。

このへんの屈折については、わたしは、すでに『メディアの牢獄』（晶文社、一九八二年）で論じていたが、モランの講演には、まさにそうした取り込みの舞台裏を見る感じがした。だから、わたしは、「メディア・エコロジーからラディカル・メディアか」（『ニューメディアの逆説』、晶文社、一九八四年）という一文のなかでこう書いた。

エコロジーという概念には、どこかしら改良主義的・社会民主主義的なにおいがつきまとっており、わたしとしてはとてもストレートに受けいれることはできないのだが、近年［一九八〇年代初め］マリー・ブクチンなどが提唱している「社会的エコロジー」の射程を顧慮しながら、わたし自身「メディア・エコロジーの必要」などという一文を書いていたので、モランが「メディア・エコロジー」という言葉を使ったときには、ん⁉　という気がした。［……］。

その後［一九八三年四月一一日］、テレンス・モランと会う機会があり、「メディア・エコロジー」の由来について話をきいた。すでにニューヨーク大学のコミュニケイション芸術・科学科には、ニール・ポストマンやテレンス・モランらによって一九七〇年に「メディア・エコロジー・プログラム」が創立されていることがわかったが、彼らはこの新しいディシプリンを出発させるにあたって、『帝国とコミュニケイション』の著者ハロルド・A・イニスやマーシャル・マクルーハンのメディア論に刺激されたという。

しかし、大会社のやり手の役員を思わせる風貌のモラン氏が、メディア・エコロジーの必要を説き、メディア・エコロジー・プログラムがITTやABCやハーパー＆ロウなどのメディア産業の協力を得てますます前進しつつあるという話をきくうちに、まてよという気持をいだかないではいられなかった。そこで、「メディア公害」というのは、大気汚染や酸性雨のように客観的な環境基準で規制できるものではないのだから、メディア・エコロジーは、メディアの全面的解放ということを基本的な方向とするのでなければ、ときには検閲と同じようなものになるおそれがあるのではないか、とたずねてみた。

「それはむずかしい問題だ」としながらモランが与えた答えは、予想したように、「メディアの多元主義（プルラリズム）」であり、巨大産業や政府がメディアを独占している状況下ではこの（それ自体としては積極的なものをもっているかもしれぬ）プルラリズムが、結局は、強い者勝ちの自由競争主義を基礎づけるにすぎないということについては、何も考えていないようだった。モラン氏は、プロパガンダ理論で学位を取ったというが、メディア・エコロジーが、メディアによる心理的・身体的コントロールの総合科学になるおそれもないではない。

当時、わたしは、アメリカでは情報環境の操作を徹底させて人々を無力化し、「クリエイティブ」なことに専念できる一パーセントの超リッチなエリート階級と、働きたくても働けない（へたに働かないのなら遊んでいてくれたほうがよいという政策のもとで）嗜眠的な反復の均質生活を強いられる九九パーセントの「庶民」との「デバイド」が急速に広がると思っていた。だから、「メディア・エコロジー」の役割は、そうした極端さを社会気分的に緩和させる技法にほかならないと思ったのである。その後、こうした動きは、湾岸戦争と9・11によって「抑止」され、延期されたが、それでもモラン流の「メディア・エコロジー」は、「メディア・リテラシー」のようなどうにもならない「教育」プログラムとは比較にならない「洗練」さで、広告と政治、強制と自己監視が一体となったプロシューマーのSNS的制度のなかで確実に作動し、ゆっくりではあるが（現状のメディア・テクノロジーを放置・発展させるかぎり変わりようのない）極端な格差化の動きをソフト化することに役立っていると思う。

ガタリがターゲットにするのも、まさにこのレベルであり、「社会的エコロジーのもっとも重要な計画的要点は、このようなマスメディア時代の資本主義的社会をポスト・メディア時代にむけて移行させていくことである。それはどういうことかというと、メディアを再特異化の道にひきこんでいくことのできる多数の主体―集団がメディアをあらためてわがものにするということである」（『三つのエコロジー』、杉村昌昭訳、大村書店、一九九一年、五八頁）と言う。明らかにこれは、テレンス・モラン流の改良主義的なプログラムではなく、ガタリ流の「挑発」であり、メディアに関してであれば、マスメディアとはまったく異なることへの、そして異なるレベルでの実践をうながしているわけである。

3

この時代、つまりは一九八〇年代の前半の時期にガタリが強調した重要な概念として

「ポストメディア」がある。これは、わたしには、自分のやっていることを確認するうえで非常にインパクトのある概念だった。自由ラジオ（「ミニＦＭ」）を最初マスメディアと異なるメッセージを「伝達」するメディアとしてとらえていたわたしが、「分子革命」や「横断性」という概念に触発されて「脱メッセージ」や「スキゾ分析」のメディアへという方向での実験をするなかで、この概念は、マスメディアはむろんのことメディアそのものの限界確定を示唆するものだった（「自由ラジオとは何であったか」、『バベルの混乱』、晶文社、一九八九年、一一二頁、参照）。

一九八五年一二月、「ポスト・メディア時代への展望」というシンポジウムでガタリと意見交換をする機会があった。このとき、ガタリは、のちに本になる『三つのエコロジー』につながる基調講演ののち、わたしが、既存のメディアと区別された意味での「ポストメディア」的メディアの実例として、当時ある種のブームにもなっていたミニＦＭ（日本版自由ラジオ）を挙げると、それを受けて、フランスの自由ラジオ（ラディオ・リーブル）についての面白いエピソードを紹介してくれた。

ガタリ　日本の自由ラジオの運動はいいスタートを切ったと思います。フランスやイタリアの場合には、ラジオ・リーブルの運動は、巨大なマスメディアへの従属から離脱するという形でスタートしましたが、フランスでは社会党政権が成立して「自由化」がなった時点でかえって息切れがして、ブームが去っていったわけです。［……］本来、ラジオ・リーブルの運動は、新しい社会的な実践と結合していくはずのものだったんですが、そういった人たちは、ラジオ・リーブルのマスメディア化の流れの中で孤立していったわけです。

私は一九七七年にラジオ・ベルト（緑のラジオ）というエコロジストのラジオの最初の放送に参加したことがあります。パリの大きな日刊紙の協力を得て、新聞社の屋根裏に本拠を構えることができました。そこで、喜びいさんでスタートの日を決め、数人の知識人を招いて開始したわけです。

ところが、その最初の放送が朝の七時に始まったために、私だけしか来ませんでした（笑い）。ただ、ラジオ・アリーチェからも友人が来ており、私と彼の二人だけでこの最初の放送が行われたのです。

二人は頭をよぎるどんなことでも、いいたいほうだいを二時間にわたって即興でしゃべりまくった。参加者はみんな満足でした。ところが、ラジオ技術者は何かフクレっ面をしていた。「何でそんなにフクレてるんだ。大成功だったじゃないか」といいましたら、彼は「こんなでたらめな放送をやるんだったら番組を組むに値しない。これからはちゃんとしたプロフェッショナルな放送にしてほしい」というのです。
ラジオ・アリーチェの友人は、それをきいて、「君はラジオ・リーブルの何たるかが全然わかっていない」と言いました。実際、この放送を聞いた人は、ノーマルな形で放送が流れない、マイクを落とす音だとかいろんな雑音が入ってくる（笑い）と、いつも聞いてる番組とは違うこういった放送もまたラジオであり得るんだな、と納得したわけです。」（『朝日ジャーナル』、一九八五年一二月二七日号、六～一四頁）。

4

自由ラジオは、一九七〇年代から八〇年代にかけて世界中にひろまり、一九九〇年代のアメリカでは、ミニFMのインパクトをも包含した形での「マイクロラジオ」運動が起こり、やがてそれは、FCC（連邦通信委員会）が認めるところまで行った。しかし、ガタリと「ラジオ・アリーチェからの友人」（おそらくビフォことフランコ・ベラルディだろう）とがある日のラジオ・ベルトで実現したような「ポストメディア」が常態化することはなかった。ガタリとフランスの自由ラジオとの関係については、一九八〇年と八一年のわたしのインタヴュー（『政治から記号まで』、杉村昌昭訳、インパクト出版会、二〇〇〇年）

で読めるが、原音は、わたしのサイト（http://anarchy.translocal.jp/guattari/）にもある。

自由ラジオは、時間が経過するにつれて、わたしが「受け手、送り手という概念が消滅」し、「聴くよりも放送することによって一種のエレクトロニックなインターコーポレイテ、電子相互身体性を生み出す」「ノンコミュニケーションのコミュニケーション」と述べたメディアの新しい側面は忘れられていった。ミニFMとしての自由ラジオでは、単に規模の「ミニ」性、マイクロなことだけが注目され、（インターネットの普及とともに生じた、WiFiやBluetoothのような限界領域内通信の流行とあいまって）「マイクロ・ラジオ」という形に換骨奪胎されることになった。

しかしながら、これは当然である。ポストメディアは、それがポストであるかぎり、常態化することはなく、既存の諸制度のなかで束の間ちらりと輝く。われわれは、可視化された世界に執着しすぎる。ガタリが「ヴァーチャルなもののエコロジー」を問題にするのは、ヴァーチャルなもの（すでに書いたように、このvirtuelを「潜在的」と訳すのも、「仮想的」と訳すのも不十分である）の次元では、すべてがつねにすでに起こっているからである。ワルター・ベンヤミンが「歴史哲学テーゼ」のなかで、「生起するものを停止させるメシアの合図」（XVII）と言ったことを、ジル・ドゥルーズは、『差異と反復』の「ヴァーチャルな諸対象と過去」をめぐるくだりで、「ヴァーチャルな対象は、それ自身の断片としてしか現実存在《エグジステ》しない。すなわち、ヴァーチャルな対象は、失われたものとしてしか見出されず——再発見されたものとしてでしか現実存在しない」（前掲書、一六五頁、*Différence et répétition*, puf, 1968, p.135. なお訳語の「潜在的」は「ヴァーチャル」に変更した）と書いた。

ガタリが、『カオスモーズ』の第五章「機械状のオーラル性とヴァーチャルなもののエコロジー」で言う「ヴァーチャルなもの」がドゥルーズと響きあっているのはいうまでもなく、その文脈を考えると、ガタリがパフォーマンス・アートに言及している意味がはっきりする。実際、パフォーマンス・アートにとって重要なのは、「機械状のプロセス性」だけだからだ。ガタリとその友人がラジオ・ベルトで起こしたこと、ミニFMの「オーディエンスなき送信」等々は、二〇〇〇年代になって展開したラジオアートの世界での具体的な課題となり、実験・実践されるようになる。

このへんの立ち入った議論については、A Micro-History of ‘Convivial’ Radio in Japan. A conversation with Tetsuo Kogawa with an introduction by Anja Kanngieser, *parallax*, 2013, Vol. 19, No. 2, pp.85–94 や、Pali Meursault: De la radio “libre” à la thérapie sociale, une histoire japonaise, http://www.syntone.fr/article-tetsuo-kogawa-une-experience-radiophonique-1-2-112136787.html で展開しているが、ここでは、タイトルを挙げるにとどめざるをえない。

ラジオアートが試みていることは、ガタリが挑発した活動のスケールからすれば実に些末でミクロな試みでしかないが、ガタリが言った新たな「主体化」と「再特異化」を実存のあらゆる部分で推し進める指標のひとつにはなるだろう。

ポリモーファスなメディア

1

異文化にとってメディアは敵とみなされている。映画、レコード、グラビア雑誌に続いて、ラジオが世界的な規模で普及しはじめる一九二〇年代は、たしかに、民俗学的な異文化調査にとっても、大きな転機だった。以後、テレビがさらにその傾向を加速する。

マイノリティの言語・風俗・習慣といった強度の異文化でなくても、われわれの身近なところで、たとえば方言が、ラジオとテレビの浸透に比例してその強度を失っていったことは誰でもが気づいている。メディアのなかでもとりわけ電子メディアは異文化を均質化し、破壊する——と考えられている。

しかし、それは、電子メディアの種類と使いかたによるのではないか？　すべての電子メディアが異文化を壊すのではなく、逆に異文化を活気づけるような電子メディアもあるのではないか？

異文化の敵としての電子メディアは、マスメディアである。つまり同じ情報をすべての地域に——国全体からさらには地球全体に——同じように浸透させることを目指すメディア、一九二〇年代のラジオにおいてグローバル・モデルが提示されたメディアである。

いま、この「マス」（大衆／塊）志向のメディアが終わりつつある。時代は、「ポストマスメディアティック」（フェリックス・ガタリの言葉）の位相に入っている。広く（ブロード）散布する（キャスト）メディアから、ナローキャストのメディアに移行し、多チャンネルのケーブルやハンディで厖大な選択肢のあるCDやビデオのパッケージ・メディア、そして好きなときにアクセスし、好きな情報を選択できるインターネットのようなストリーミング・データベースが「放送」（ブロードキャスティング）に代わろうとしている。そしてついには、「送り手」と「受け手」とが明確に分かれているかのようなメディア環境そのものが終焉する日が来る。

2

六〇年代のアメリカで黒人の公民権運動やニュージャズ（フリージャズ）が開花したと

き、これらを活気づけたのは、手書きのビラやポスター、そしておびただしい数のアングラペーパーやミニコミであった。これらは、電子メディアではなく、印刷メディアであったが、全国紙を志向してきた新聞が、このような形で分散化し、多様化することによってマス全盛の時代にひとつの決別を与えたのである。この時期を境にあらわになって来るラジオの多角化は、ある意味で、印刷メディアで起こったこの変化を引き継いだのだった。

七〇年代のアメリカの都市部で起こった「エスニック・ブーム」は、料理、地域文化、コミュニティ活動の活性化と連動していたが、この時代に台頭したフェミニズム運動、ゲイ・ムーブメント、ネイティブを初めとするマイノリティの擁護などは、コミュニティ・ラジオ／テレビ、都市型のケーブルチャンネル、パソコン通信などの普及と無縁ではなかった。日本の場合メディアは、非常に長きにわたって文化の均質化と統合化の路線を迷わずに選択してきたので、六〇～八〇年代のアメリカで起こった変化は、屈折した形でしか表面化しなかった。

八〇年代の初めにブームになった「ミニFM」は、「ニューメディア」のかけ声ばかりでどこにも見当たらない分散型のメディアへの人々の渇望を屈折した形で表わしている一面もあったが、「ミニFM」がもっている分子的なメディアとしての意義と新しさはほとんど自覚されなかったし、それが独自の異文化を活性化したり、生み出したりすることもなく、終息した。

ちなみに、この「ミニＦＭ」は、一九九〇年代になって、アメリカ合衆国、カナダ、ヨーロッパで「マイクロ・ラジオ」の先駆的な事例として再認識される。瑣末な部分からの変化が構造全体の変化につながるというフェリックス・ガタリの「分子革命」が不可欠なものとなる歴史過程のなかで、「グローバル」なメディアよりも、マイクロなメディアに関心が集まっている。が、日本では、まだこのような動向は目立たない。

パソコン通信も、八〇年代の前半期にマニアのあいだではかなり活発に行われたが、わたしの知るかぎり、異文化との接点はほとんど見出せなかった。

一つ注目すべきは、八〇年代後半に登場した「オタク」である。これは、ある意味での新しい異文化であったかもしれない。マンガ、ゲーム、アニメ、ビデオ、ウォークマン、パソコンなどに執着する若者の一部が、この名で呼ばれたが、世の平均的な流れからすると「うさんくさい」ものとしてあつかわれ、アウトサイダーの位置におかれた。

「オタク」は、やがて、"otaku"として輸出され、「サイバーパンク」や「アンドロイド／サイボーグ・カルチャー」などと同じジャンルのボキャブラリーに組み入れられるようになるわけだが、これらの異文化は、それまでのものと大きな違いを見せはじめる。

3

文化は、身体と切り離せない関係のなかで変化し、消長を続けてきた。文化の基本単位は身体であり、文化の起源をたどって行くと、その先には、ある特質や癖をもった身体を見出すことができた。文化は、血、物的な諸条件とは切り離せない関係にあり、その文化に馴染むには時間を要し、また、一旦その文化に染まってしまうと、一朝一夕には捨て去ることができないのであった。まさに、文化は、身体的な「リダンダンシー」（冗長性）をもっていると見なされてきた。

ところが、八〇年代の後半に広く知られるようになる「オタク」や「サイバーパンク」の（異）文化は、たしかにそれを支えている身体（主体）は存在するのだが、民族、血縁、土地、物が持続的に持っている特性との関係から切れており、いわば異次元からやってきたアンドロイドの文化なのであった。

八〇年代のニューヨークで活気づいたエスニック料理の批判として、本来タイ人がタイ料理を食べ、イタリア人がイタリア料理を食べたのに対して、民族的なバックグラウンドと無関係に誰でもが食べるような「薄められた」料理なのであるから、それは、所詮、メディアが作ったものにすぎない——という言い方もある。

しかし、これは、もっと積極的に理解したほうがよいだろう。この時代は、ヴァーチャル・リアリティが登場する時代でもあったが、まさに「オタク」や「サイバーパンク」やエスニック料理などをひっくくるめてヴァーチャルな異文化と名づけてみると、事態が明確になるかもしれない。

ヴァーチャル・リアリティとは、「仮想」のリアリティではなくて、実質的（ヴァーチャル）にリアルでありさえすればその方法を問わないような技術にもとづいている。簡単に言えば、自然の桃源郷のなかで体験する甘美な体験と実質的に同等のものを、もしあなたが頭に不細工なＨＭＤ（ヘッド・マウンテッド・ディスプレー）、手にわずらわしいケーブルだらけのグローブを着け、おまけに体にメディア・スーツを着こむことをいとわなければ、体験させてあげますよという技術なのである

ヴァーチャルな異文化は、それを構成するメディア装置のユーザーになれば、ただちにそれに染まってしまうようなインスタントな文化である。文化を経験するのは、どのみち身体だから、だからといって、今度は装置をはずせばただちにその文化と縁が切れるというわけにいかないところがおもしろいし、やっかいだが、ある意味で民族や性や風土の違いにかかわりなく同一の文化体現者になれるというところが伝統的な文化とは異なる。

しかし、「同一」とはいっても、かつてのマスメディアが作り出したのっぺりとした同一性ではなく、そのなかに無数の異質性をはらんだような同一性である。だから、これは、同一性と呼ぶよりも、《ポリモーフィズム》と呼んだほうがよいだろう。「ポリ」とは、ポリエチレンの「ポリ」(多)であり、「モーフ」とは、「モルフォロジー」(形態学)の「モーフ」(形)であり、つまりは、「多形性」ということである。これは、「多様」であるが、細かく見ると、そのなかにさまざまな「形」のモジュールがあり、それらがたがいに自律しあいながら「リンク」しあい、「織り」(ウィーヴ)あっている。

4

ポリモーファスなスペースを生み出すメディアの現時点での典型的なモデルは、インターネットである。インターネットのユーザーは、アクセスした瞬間から、ヴァーチャルな異文化のなかに入りこむ。それは、一見、それまで見慣れたテキストや映像に接しているように見えるが、次第に、自分がのっぴきならない世界に入り込んでいることに気づくだろう。インターネットは、所詮は英語の世界であるという意見があるが、それは、浅薄である。インターネットは、「アメリカ」や「アジア」といった従来の区分を越えた世界であり、そのコンテンツが「民族色」にあふれ、英語や自分の慣れ親しんだ言語と異なる言語で作られているとしても、問題は、そのレベルにはない。

十分な定義がまだないので、説明しにくいのだが、インターネットにおけるヴァーチャルな異文化性は、まず、インターネットのポリモーファスなスペースが、身体的な「現実」世界とは「異」なっているという点であり、さらに、そのスペースの内部そのものにさまざまな「異」質性をやどしている点である。こうした二重の異質性がからみあってひとつの統一を作り出している点が、マジョリティに対するマイノリティといった単一の対抗関係のなかで定義できる「異文化」とは根本的にちがうのである。

伝統的な異文化に対しては、それに関わる一個（一人）の安定した「主体」を見出すことが容易であった。これに対して、インターネットのヴァーチャルな異文化は、ユーザーが、いわば多重人格的な「主体」になればなるほど豊かな拡がりを見せる。逆に、一つの言語、単一の文化、固定した価値観にこだわるならば、インターネットの世界は、それなりのつまらない空間しか提示してくれないだろう。

ユーザーが、かぎりなく自己を解放し、無責任なまでに自分の外へ出て行くとき、サイバースペースのなかに構築された多様な世界に出会うだけでなく、その経験——多様なものへの敏感さ——が身体に記憶され、鈍感になっていた「五感」が微細な多様性への繊細さをとりもどす。逆に言えば、サイバースペースの外の身体世界を柔軟にもみほぐし、その多様性をとりもどすのでなければ、インターネットの世界は少しも活きないということでもある。

いずれにしても、今後、サイバースペースが身体世界に混乱をまき起こす度合いはますます高まるであろう。そして同時に、そうした混乱のなかから、身体世界の新たな組み替えも起こるだろう。その混乱を安易に回避すれば、それだけの結果しか生まれない。危険のあるところに、救いもまたある。

社会からソーシャルへ

1

「ソーシャル・メディア」という言葉の浸透とはうらはらに、その「ソーシャル」には、これまで「社会」と漢字で書いてきた含みは希薄である。それは、漢字が片仮名に代わったからではなく、socialというもとの言葉自身の変化であり、この語が参照する現実の変化でもある。それは、物と身体という嵩と重みのあるものの無化という事態に対応している。そしてこの無化を推進するのがメディア・テクノロジーである。

身体が完全に無化され、アンドロイド（人間と区別のつかないロボット）になってしまうのなら、話は簡単だ。しかし、身体はこの無化に抵抗する。身体はつねに身体＝存在であろうとする。他方テクノロジーは、「生まれたままの身体」を無視し、それを無化する方向に向かって突き進んでいる。

福島原発の事故は、「先端」のテクノロジーが人間の身体の「アイデンティティ」などは全く顧慮しないことを改めて意識させた。原発から漏れる放射線に身体が被曝するのは、医療や監視の現場で放射線が体を通り抜けることを許していることの延長線上にあり、近代のテクノロジーは、身体をスキャンし、分解し、最終的に解体して再合成したいというアンドロイド願望と理念のなかで動いてきた。イモータリズムは、単に長生きをするだけでなく、出来るならば、身体をその完璧な合成物と交換したいという願望である。

2

日本語で「無」というと、仏教の「空《くう》」を想起し、存在を空無化する絶対的なマイナス記号をイメージさせるが、ここで持ち出す無化や無は、ニーチェのニヒリズムとの関係で考えてほしい。ニーチェは、病気と乱行でボロボロになった彼の身体とその周囲環境（一九世紀末のヨーロッパ）のなかに、それまで一定期間一応の秩序と安定性のなかにあった身体（「遠近法的」身体）が崩壊する予兆を見た。それは、キリスト教的な神、「超感性的な世界」の死でもあった。彼は、「わたしが物語るのは次の二世紀の歴史である。わたしは、来たるべきものを、もはや別様には来たりえないものを、すなわちニヒリズムの到来を書き記す」（『力への意志』）と宣言した。ここでニーチェは、「ニヒリズムの先行形式としてのペシミズム」、「ペシミズムのニヒリズムへの発展」、つまりは「能動的な《アクティヴ》ニヒリズム」への上昇を語るが、ニーチェのニヒリズムのまさに「能動的」な側面について具体的に論じられることはすくない。多くの場合、ニヒリズムは「ペシミズム」と混同されるか、あるいは「消極的」な段階にとどまっている。

ニヒリズムは、かつては「虚無主義」と訳されていた。ちなみに、ニーチェが師のショウペンハウアーから引き継いだ「ペシミズム」は「厭世《えんせい》主義」と訳されていた。しかし、「厭世主義」とは区別されてはいたものの、この「虚無主義」は、ニーチェの「能動的ニヒリズム」とは無縁だった。

大正七年つまり一九一八年に実業之日本社から発行された『新しい言葉の字引』で「虚無主義」を引くと、「哲学上では外界一切の存在を否定する説、即ち唯心論の一傾向についていふ。但し一般には政治上の意味に用ひられる。即ち現在の社会制度は人類の生活発展を妨害するものなりとの立脚地から、あらゆる社会制度習慣を破壊して、自由主義の命ずる生活に帰らんとする主義。その極端なものは無政府主義となる」とある。

なかなか大胆な定義で元気が出るが、実際には、日本のニヒリズムはアナキズムとは無縁で、たかだかペシミズム（厭世主義）のヴァリエイションに終始した。つまり、「消極的ニヒリズム」を脱することはなかったのだ。これは、おそらく、「虚無主義」が、ニーチェとは無関係に、すでにツルゲーネフ（たとえば『父と子』）あたりからロシアルートで導入されていて、あとからそこにニーチェのニヒリズムが追加されたためかもしれない。

3

日本のニヒリズムは、無化しきれない身体の悶えと鬱積のペシミスティックなプロセスにとどまった。この傾向は、総力戦と玉砕と総懺悔の国家にとっては格好の文化装置であった。ニーチェの「能動的ニヒリズム」とは、アルトーを脱構築したドゥルーズとガタリの「器官なき身体」のかぎりない振幅であり、カフカの短編に登場する「オドラデク」の「肺のない笑い」、シラケの極致にある哄笑、メソメソと鬱積する暇などない最高度の高揚、ディオニュソス的歓喜の極みの方向で考えられるべきものだが、そうはならなかった。そして、だからこそ、高揚が薄っぺらいバブル感覚やスポーツショウ的な空騒ぎの国家行事になってしまい、さもなければ、3・11のときのように、放射能の高度汚染による国家主導のうわべだけの「反」ペシミズム（「ガンバレ日本」）に投げ込まれてしまうかにとどまった。

日本の国家は、基本的に、個々人が勝手に自己の身体を「能動的」に無化することを許さない。個々人の身体は「国体」として国家に帰属すべきものであり、国家が独占的に管理しようとする。その結果、個々人の勝手な無化は「依存症」や自死という形態に陥らざるをえない。ここでは、依存症や自死とは対極のディオニュソス的な遊びや祝祭は忘却されてしまう。

かつて九鬼周造は、軍国主義と死の美学、国家主義と鬱の哲学が台頭しはじめる時代の片隅で、「媚態」の概念化を試みた。雑誌『思想』に発表され、昭和五年（一九三〇年）に単行本になった『「いき」の構造』（岩波書店）である。彼は、「媚態の要は、距離を出来得る限り接近せしめつつ、距離の差が極限に達せざることである」と言う。彼の言わんとすることを言い換えれば、この世は浮世、つまり身体が大きな力で無化されるままならぬ世界であるが、そこでは、ストレイトであれゲイであれ、いっときヴァーチャルな「異性」関係を仮構し、媚態を生み出すことができる――それが「いき」であり、「いき」とは、粋であり生きであり息であり行きである、と。

しかしながら、九鬼周造の「いき」概念は、彼の祇園の茶屋遊びに裏打ちされた、所詮はハイブロウな階級、高等遊民のみが実践できるものでしかなかった。ここにはつつましく抑えられた「能動的ニヒリズム」があるにはある。が、多くの者は、跳んでみろと言われても、ニヒリズムの先行形態のペシミズムのなかで悶々とするほかはなく、「いき」や媚態のへったくれもなかったのである。

だから、戦後になって、テレビが登場し、マス映像という擬制の無化が制度化されるようになると、個々人がみずから身体の無化に専念するようなことはより完璧に忘れ去られてしまった。ニヒリズムの先行形態のプロセスで悩んだり鬱になったりする必要もなくなった。テレビが一方的にくり出す擬制の「無」の諸形式を受けては捨て、受動化のなかに身をまかせていればよくなったからである。しかし、それは、まだ一定の集団単位での出来事だった。

これがやがて、ケータイの普及とともに、個々人があたかもみずから進んで「無化」の国家的事業に邁進する段階に達する。今日、日本で蔓延している最大の依存症はモバイル・アディクトつまりケータイ中毒であるが、これは、「合法化」された依存症であり、屈折した形で「能動的ニヒリズム」としての身体の無化を許容する。が、この過程の行き着く先は、これまで個々人が自分の身体を代償にして協同的に構築してきた社会からの離脱である。「社会性がない」というのは非難の表現だったが、いまはそうではない。「社会」はおもてむきだけ「無化」され、個々人は、不徹底な無としての「ソーシャル」の被膜のなかで庇護されているからである。

4

コンピュータ技術は、個々の身体が「非効率」に行わなければならなかったことを自動化することを進歩とみなす。Facebook や Twitter のようなソーシャル・メディアの浸透のなかで自動化の機能が昂進した。「高度」の自動リンク機能を持つSNSでは、ユーザーが何も「制作」しなくてよい。Facebook でも Twitter でも、ユーザーは自分を「作者」だと思うことはできない。古典的な「作者」は消滅し、すべてがアレンジャー／編集者となる。

コンピュータには、自分が誰であるかを忘れさせる「忘我」機能がある。これは、「自我」や「他者」、「社会」、「プライベート」、「パブリック」、「責任」といったモダニズムの枠組みを飛び越えたい者にとっては、非常に居心地のよい場となる。だから、もし、今後、ラース・フォン・トリアの『メランコリア』のような破滅的な事態が起こらないとすれば、いま現在ネットで「問題」になっていることがむしろあたりまえになるはずだ。

ラース・フォン・トリアは、この映画で、自分を取り巻く「私的」な状況にうんざりし、それを一掃するために地球を巻き添えにする「人類の一家心中」をイメージした。これは、彼自身正直に言っているように「ナチ」的発想である。ナチズムはその本性上「人類の一家心中」を願望せざるをえない。

一つのテクノロジーをグローバルに浸透させたいという過度の願望は、万人のナルシスティックな恍惚とともに、人類の総破滅への願望をあわせ持つ。これは、「人類の平和」や「地球の環境保護」の名のもとに原子力を推進してきた連中の発想ともつながる。そもそも「地球」や「人類」に「責任」を持つということ自体が近代の僭越な発想であり、ナチズムとその後継は、事業の失敗や戦乱の際には、「人類の一家心中」という形で「責任」を負おうとする。しかし、現実には、戦争も原発事業も、これまでのところそうした「心中」には失敗し、「死に損なう者」（アドルノ『プリズム』）たちの数を増やすだけだった。

5

かつてマルチン・ハイデッガーは、ナチズムの本質は「惑星的に規定された技術と近代人との出会い」（『形而上学入門』Ⅳ章）なのだと言った。その後、この「惑星的に規定された技術」はますます高度化し、他方、「近代人」（つまり「自我」、「社会」、「権利」、「義務」、「自由」等々の概念に支配されている「モダン」な人間）は青息吐息ながらも存続し、この「出会い」の緊張がますます高まってくる。だから、ハイデッガーは、一九五六年の「根拠律」という講演のなかでは、この技術の動向を、台頭する原子力と情報技術のなかに見る。いずれの場合も、「地球」や「人類」を「計算的理性」によって研究し、管理するという方向を取るが、そのためには根拠なき根拠を据えなければならなくなるというのだ。しかし、それは、「無は根拠なしにある」というのと同じではないのかというのがハイデッガーの最終的な問いだった。

「無は根拠なしにある」（*Nights* ist *ohne* Grund.）というのは、ライプニッツがラテン語で“Nihil est sine ratione.”と言った言葉（日本語では通常「何事も根拠なしにあるのではない」と訳す）をハイデッガーが戦略的に「直訳」した言い方なのだが、ここから彼は、無の問題を引き出してくる。ここでハイデッガーに深入りすることはできないが、問題は、彼が軽業的な言語表現のかなたに見出したことが、日本語では何の抵抗もなく普通の言語表現になってしまうということを指摘したい。

つまり、西欧言語では、このような無の次元における「存在」を問題にしようとするときには、「である」（est）を「存在させる」という他動詞としてとらえなおすという無理な操作をしなければならない（しかし、にもかかわらず言語表現としては斜体をかけるかどうか程度の変化しか出せない）のに対して、日本語では、“Nihil est sine ratione.”を、「何事も根拠なしにあるのではない」と「無は根拠なしにある」とに、すんなりと表現し分けられるのである。

これは、恐るべきことである。ニーチェやハイデッガーが西欧的言語の境界線上でやっと問題にした無を苦も無く存在者として対象化できるからである。これは、日本語の表現の「豊かさ」だと思うのは、言語の表層しか見ない考えである。むしろこれは、日本語では決して能動的な無を問題にすることができないということであり、そうする必要がないように仕組まれているということである。

その意味では日本語で思考するかぎり、ニーチェのニヒリズムはいらない。が、それでは、テクノロジーに攻略される現代の身体問題は不問に付すしかない。

6

ハイデッガーが「無は根拠なしにある」という場合の「無」は、「存在」の数だけある。だから、そのあり様は多重・多層に屈折している。つまり、無は、存在が起こるたびごとにそこに忍び込み、ズレ（時間と差異）を生み出す。物と身体が、同一性を保ったまま「永劫回帰」的に反復し、持続することによって成り立つのがシステムや制度であり、その頂点に国家があるが、「根拠なしにある」無は、「永劫」ではなくて、つねに一回性のなかで生起する。

いまのテクノロジーは、どれをとってみても、「惑星的規模に規定されている」としても、その規模のはざまにはさまざまな無が分泌されうる。逆に言えば、のっぺりしたように見える「グローバル」なシステムでも、そのあいだに分泌されうる無にこだわるならば、そのシステムは、支配のシステムであり続けることはできないということである。

いまのグローバルなネットワークシステムの現状は、個々人を、いや個人のなかのいくつもの「エゴ」を、リモートに（つまりたがいの「自由」を許すかに見せかけながら）連結し、一定の枠のなかに閉じ込める機能を発揮するようになってきた。監視や盗聴の技術も、すでに個々人の皮膚や「内面」のテリトリーを越えてしまった。

社会からソーシャルへの動きは、身体からデジタルシステム、そしてさらには複製可能な細胞システムへのシフトである。すでにホーム（家庭、拠点等）がホームページにしかなくなりつつあるように、社会はソーシャル・メディアのなかにしかなくなる。これは、身体が自前で創造する「媚態」などとは違い、外部からまるごとコントロールできる無化装置である。無を返せといっても、無は、すでにマルコーニが無線通信を実用化するまえから国家（イギリス海軍）が占有権を握っていた電波と同様に、すでに国家ににぎられている。

ソーシャル・メディアは、その「ソーシャル」という語要素にもかかわらず、「社会」を不要とするシステム、個人だけで済むシステムへの先行投資である。この動向への「造反」が依存症であり、ネットシステムへの闖入などのパイラシーである。これは、当人が意識しているかどうかにかかわらず、のっぺりした支配システムの地平に個別具体的な無を分泌させる試みだが、それは、「造反」とはならない。無を取り込む先行投資は着実に進み、かつてパイラシーの夢をかきたてたハッカーはすでにネットシステムの耐性テスト人にさせられてしまった。ジャンキーや依存症患者、そしてひきこもりの単独者たちも、その個別的身体のなかに無が分泌されることによって、個は複数の個に分割され、身体内でリモートな、しかも自主的な「植民地支配」を受けることになってしまう。

形式上は、「ひきこもり」は、亢進する「ソーシャル」化に「造反」する個々人の総称であるが、この「造反」は、現に「存在」するものに反対し、破壊することはない。だから、進行中の「無の先行投資」が成功するならば、「ひきこもり」は二〇年後の支配階級となる。だが、歴史は投資の蓄積ではなく、不測の出来事のたえざる継起である。

あとがき

冒頭で「編集者の消滅」を論じたが、もし編集者がすべて消滅していたらこの本は出現しなかっただろう。編集者を必要としない「本」はある。それがトレンディかもしれない。が、この本はわたしが尊敬するひとりの編集者とのクリエイティブなコラボレイションのなかでつくられたということは報告しておかなければならない。

幸運な再会があった。本書を編集してくれた武秀樹氏は、かつてわたしに書評や状況色の強いエッセーを書かせた週刊読書人のツワモノ編集者であった。「古典的」な出版文化のなかにいたわれわれは、原稿の「打ち合わせ」のために喫茶店であい、最低二時間以上は「話し込み」をした。状況を語り、流行を批判し、話題のひとを斬り、話は依頼された原稿からどんどん逸脱していくのが普通だった。

たいていのばあい、こちらの構想をすべて話してしまうから、家に帰りいざ原稿を書く段になると、すでに話してしまったことをいかに回避し、彼を驚かせることを書くかで苦労することになる。が、それは、書く側にとってのチャレンジであり、書く生きがいというものであった。

そして、シメキリの日、ないしは入稿ギリギリの日、原稿の受け渡しと「審査」がある。喫茶店に行くと、いつも細身のジーンズをはいて飛び回っている武氏はすでに来ており、われわれはしばらくのあいだ雑談をする。わたしのほうは、無意識に原稿の「審査」を引き延ばしていた。が、武氏は、三〇分もすると、急にクールな表情になり、わたしから受け取った原稿を読みはじめる。彼がどういう表情で読んでいるかを見れば、彼がわたしの原稿に満足してくれているかどうかがすぐわかる。記憶するかぎり、思い切ったことを書けば書くほど喜んでくれたと思う。わたしは、ほっとし、暗黙に元気づけられるのだった。

再会には偶然がはたらくが、わたしが昨年からまた本を出し始めたことも本書のひとつのきっかけになったかもしれない。彼は、わたしが本を見かぎったと思っていたらしい。いや、本の世界のひとからすると、本からコンピュータへの「不倫」であり、それを許せなかったらしい。が、それについては本書で書いているように、事情は非常に屈折している。いずれにしても、わたしは本から去ったわけでも「復帰」したわけでもない。あえて一言で言えば、コンピュータに深く関わりながら本を出すという二重の楽しみを発見したがゆえにまた本を作りはじめたのである。

わたしは、三田格氏と『無縁のメディア　映画も政治も風俗も』（Pヴァイン）でメールだけを使って執筆も編集も校正もやってしまう試みを試した。その後、『映画のウトピア』（芸術新聞社）では、この二〇年ほどのあいだに書き散らした雑文を（すべてコンピュータのなかに入っている）コンピュータ上でカット&ミックスして一冊にする実験を試みた。今回もその「再演」をもう少し大がかりにやってみた。

それは、DJの「演奏」からヒントを得たもので、コンピュータを三台使い、過去の雑文からそのときの思いつきや流れにしたがって、連続的に新たなテキストを作り出す即興的な作業である。使用する三台のコンピュータは、直接文字の書き換えや組み換えをする一台と、元データを格納し羅列する二台目のコンピュータ、そして両者のやりとりの結果として生まれた（その時点での）最終テキストを本のページに近い形で表示してくれる三台目のコンピュータとであるが、三者のあいだは、オープンソースのソフトウェアのおかげでたった一台のコンピュータをあやつるようにシームレスに移動できるのだ。

武氏と再会し、話をしているうちに、かつては「本」だけの世界のひとと思っていた彼が、コンピュータにも強く、DTPのソフトを自在にあやつるひとに変貌していることを発見した。そういえば、活字の「旧世代」のひととしては、メールの返事が異常に速いとは思っていた。これは、たまたま、彼の起きる時間とわたしの寝る時間とが重なる朝まだきにメールのやりとりをするためでもあったということが最近わかったが、とにかく、活字の「旧世代」のひとと連絡するのとは大いに異なり、スムーズなのだった。

本書が出来上がるに際しては、もう一つの偶然が重なった。本書の出版元のせりか書房は、わたしの最初の本（ルドヴィック・ロブレクツの本の仏語訳『フッサールの現象学』）を出してくれた出版社である。そして、その増補版の編集を担当したのが、現在の社長である船橋純一郎氏であった。この時代のことについては、前田耕作氏（わたしを大学という魔界に引き込んだメフィストフェレス）が『パラムナード　知の痕跡を求めて』（せりか書房）のなかで書かれているのでここでは触れないが、ある意味で、紙メディアの世界が最後に輝いた時代であり、船橋氏とはその「狂乱」を共体験したのだった。

ＤＪにとってふるいレコードや音源がいまを表現するための素材であるように、わたしにとっては、書き下ろし以上のことを可能にするマテリーである——つもりである。だから、書き出しはもとの文章とほとんど同じに見えるような場合でも、全体のコンテキストが全然異なるために、まったく別の意味をあらわすようになることもある。とはいえ、そうしたもとの文章がなければ本書は生まれなかっただろう。それらを書かせてくれた編集者や出版元のかたがたに心から感謝している。また、『フッサールの現象学』の新装増補版以来ながいつきあいの工藤強勝氏に久しぶりに装幀を担当してもらう機会にめぐまれ、嬉しく思っている。

本をつくる楽しみが、わたしの場合、コンピュータへの挑戦の楽しみでもあるとすれば、紙になった本は、別種の楽しみをあたえてくれる。紙のゲラを一切見ないことは、物としての形をなした本書を手にする楽しみを倍加させるはずだ。そこでは「作者」は消え、わたしは「読者」のなかに溶け込むのである。いまは、デジタル世界からサルートを！

粉川 哲夫

二〇一四年五月一四日

索引

（　）内は語の典拠や読み替え、↔ は本文中で同義ないしは相互関連のある語を示す。

ク

ケ

ト

ナ

ニ

ネ

ノ

ハ

著者紹介
粉川 哲夫（こがわ てつお）

1941年東京生まれ。メディア批評家。上智大学、早稲田大学で現代哲学を学ぶ。80年代に小さなＦＭ送信機を用いた「自由ラジオ」を提唱。84年ごろから電子メディアによるパフォーマンス活動を開始。和光大学、武蔵野美術大学、東京経済大学でユニークな教育実験も行なった。著書に、『メディアの牢獄』（晶文社）、『ニューヨーク街路劇場』（ちくま学芸文庫）、『ニューヨーク情報環境論』（晶文社）、『情報資本主義批判』（筑摩書房）、『電子人間の未来』（晶文社）、『カフカと情報化社会』（未來社）、『国際化のゆらぎのなかで』（岩波書店）、『シネマ・ポリティカ』（作品社）、『もしインターネットが世界を変えるとしたら』（晶文社）、『無縁のメディア』（三田格との共著、Ｐヴァイン）、『映画のウトピア』（芸術新聞社）など多数。自主管理のウェブサイト「シネマノート」（http://cinemanote.jp）、英語主体の「Polimorphous Space」（http://anarchy.translocal.jp）のほか短期集中のブログを多数公開している。

メディアの臨界　紙と電子のはざまで

2014年7月18日　第1刷発行

著　者　粉川哲夫
発行者　船橋純一郎
発行所　株式会社　せりか書房
〒101-0064　東京都千代田区猿楽町1-3-11　大津ビル1F
電話 03-3291-4676　振替 00150-6-143601
http://www.serica.co.jp
印　刷　信毎書籍印刷株式会社
装　幀　工藤強勝

ISBN978-4-7967-0335-2